# 可转债投资从入门到精通

陈心2017　陈青桉◎著

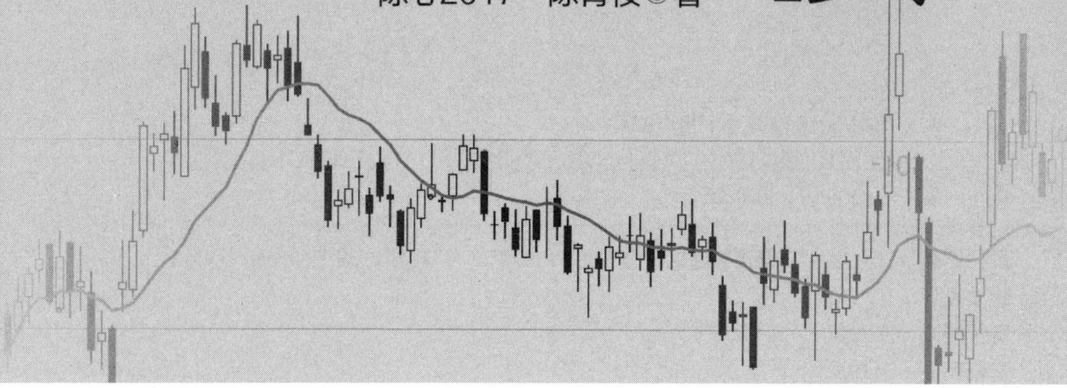

中国铁道出版社有限公司
CHINA RAILWAY PUBLISHING HOUSE CO., LTD.

**图书在版编目（CIP）数据**

可转债投资从入门到精通 / 陈心 2017，陈青桉著 .— 北京：中国铁道出版社有限公司，2023.5

ISBN 978-7-113-29725-1

Ⅰ. ①可… Ⅱ. ①陈…②陈… Ⅲ. ①可转换债券 - 债券投资 - 基本知识 Ⅳ. ① F830.91

中国版本图书馆 CIP 数据核字（2022）第 188882 号

**书　　名**：可转债投资从入门到精通
KEZHUANZHAI TOUZI CONG RUMEN DAO JINGTONG
**作　　者**：陈心 2017　陈青桉

---

**责任编辑**：张亚慧　　**编辑部电话**：（010）51873035　　**电子邮箱**：lampard@vip.163.com
**封面设计**：宿　萌
**责任校对**：安海燕
**责任印制**：赵星辰

---

**出版发行**：中国铁道出版社有限公司（100054，北京市西城区右安门西街 8 号）
**印　　刷**：河北宝昌佳彩印刷有限公司
**版　　次**：2023 年 5 月第 1 版　2023 年 5 月第 1 次印刷
**开　　本**：710 mm×1 000 mm　1/16　**印张**：13.75　**字数**：185 千
**书　　号**：ISBN 978-7-113-29725-1
**定　　价**：69.00 元

---

# 前 言

## 投资的尽头是可转债

我是在2017年知道可转债这个投资品种的，进入可转债市场是2018年之后的事情了。那年令我印象最深刻的事情是从16.2元开始买蓝晓科技一直加仓到46元，那时候做了研究股票最疯狂的事情——专门去找了一本《高分子化学教程》的教材，研究一家做果汁吸附树脂应用的公司到工业“盐湖提锂”技术是否真的可行。这样做也可以说是一种心理安慰，可想而知结果并不理想，回调之后蓝晓科技以略微亏损收场。

2018年真正开始进入可转债市场，当时可转债行情并不好，时常有破发的情况出现，现在来看这些都是掉在地上的“黄金”，可当时却没有人捡。这就好比你手上戴的钻戒，从本质上来说它和烧烤用的木炭没有什么区别，只不过是在两种不同的状态下，钻石的价值需要在特定环境才能体现，而可转债的价值亦是如此。

发现可转债的价值是一种能力，把握可转债的价值是另一种能力，我认为在可转债赛道刚开始跑得快并不一定是最后的赢家，往往能够坚持到最后才是胜利者。

2017年9月8日，证监会正式发布修订后的《证券发行与承销管理办法》（以下简称《办法》），并于当日起开始施行。《办法》施行后参与网上申购的投资者无须预缴申购资金，待确认中签之后，再按实际中签金额缴款。

因为缴款方式的改变，新规后第一只发行的可转债——雨虹转债，参与可转债网上申购的人数迅速增长到260万，较新规前最后一只可转债——国君转债参与网上申购人数10 034户发生跳跃式增长，之后继续以指数级扩增。此后，可转债开始进入一路“长牛”的大时代。

我和陈总（陈青桉）是2020年认识的，他是一位职业投资人，过去很多年一直在做投资，我们之间经常会相互分享一些投资理念，当然聊得最多的就是可转债。

最开始计划合作发行一只基金产品，后来由于种种原因没有进行下去，2022年陈总找到我说想要合著一本可转债书籍，可我对写书真的一窍不通，上一次与出版相关的事还是在高中时给杂志社投稿，但未成功。

我刚开始想了两个写作思路，一个思路是以可转债时间线为顺序，贯穿上市发行、抢权配售、网上打新、强制赎回、到期赎回，结合实际案例用叙述性方式书写；另一个思路是从交易角度出发，以“进攻型”策略和“保守型”策略顺序，中间穿插基础内容结合实际案例，偏重于实际应用。不过，商议之后改用中规中矩的大纲，想到过去在期货公司给交易所做投资教育内容，领导常常说内容要创新，标题要有吸引力，但创新的内容更容易犯错，经过一两次挨批评后，默默沿用中规中矩的标题进行写作。

“90后”这一代，被认为是“标新立异”的一代，但实际上，“90后”在工作几年以后都慢慢开始变得中规中矩。本书以“基础知识介绍+策略研究思考+实际交易分析”三个板块，融入一些交易经验来进行介绍，侧重主观性的思考。

第一个板块，第一章到第五章，主要介绍可转债基础知识，结合相关案例，侧重知识点解读及实际应用理解。

以纯债YTM（持有至到期收益率）为例，本质是付息贴现的一个过程，可转债以债券价值的存在，进而从“纯债YTM”延伸出一些思考及策略。

第二个板块，第六章到第七章，解读可转债市场主流的八大投资策略。策略理解和实践应用好比现实的此岸和理想的彼岸，中间有湍急的河流，走到对岸需要有持之以恒的信念。

以“低溢价策略”为例，其理论基础及实践操作均得到市场认证，简单易懂、可操作性强，能够获得较高的收益率，但实际执行过程却是违背人性的，仅有少部分理性投资人能够做到可转债亏损卖出轮动，保持整个组合的持续进攻性。

第三个板块，第八章到第十四章，以“买入、交易、卖出”三个角度切入可转债投资，拆分交易本身，注重事实逻辑导向。

以“可转债网格交易”为例，多数可转债呈低位震荡、长期趋势上涨状态，这和网格通过波动获得收益的特性不谋而合，震荡区间适合用等比例网格，上涨趋势适合用非等比例网格。

我统计了2018—2021年可转债等权指数对比市场主流指数表现，同样获得了非常出色的成绩，具体见下表。

| 名　称 | 涨跌幅（%） | 振幅（%） |
|---|---|---|
| 上证指数 | 10.06 | 39.03 |
| 深证成指 | 34.57 | 84.07 |
| 沪深 300 | 22.56 | 74.30 |
| 中证 500 | 17.73 | 59.83 |
| 中证 1000 | 14.15 | 57.24 |
| 国证 2000 | 23.44 | 63.22 |
| 可转债等权指数 | 171.89 | 175.30 |

数据来源：Wind；截止时间：2022 年 6 月 4 日。

可转债是一种“债券+股票”组合投资品种，虽归属于债券类别，但依附于股票。可转债等权指数可以轻松跑赢其他类指数，还在于可转债带有许多附加值条款，如下修条款、赎回条款、回售条款等。

市场高位时，强制投资者卖出可转债；市场低位时，以下修、付息、赎回等方式增加可转债持有人的权益，长期往复，使得可转债等权指数获得远超股票指数的收益率。

回顾自己的投资历程，开始是买少量的基金，后来逐渐不满足基金的收益，从而去接触股票，之后工作与商品期货相关，也算接触了国内大多数的投资品种，现在又沉浸在可转债投资之中。过去几年，感受最深的是，经过一场周期波动之后，无论你之前投资的是股票、基金还是商品，你会发现其持有收益及体验感都差于可转债，然后你会慢慢明白，投资的尽头是可转债。

陈　心

2023年3月写于厦门

# 目录

# 第一章

# 可转债的概念

市场常常以"上不封顶，下有保底"来形容可转债，可以说这句话很好地阐释了可转债的两个属性——债券属性和股票属性。债券属性让可转债在下跌过程中能够和普通债券一样，具有"保底+付息"的特性，可转债发行的面值为100元，市场上很少看到100元以下的可转债，这是债券属性在发挥作用。

可转债相对于股票来说，其发行之后极少有下跌超过50%的。由此可见，从风险的角度来说，可转债是一个更低风险的投资品种。

可转债附带股票属性，其在上涨的过程中跟随股票涨幅，在市场上也可以看到增长几倍乃至几十倍的可转债，这是股票属性在发挥作用。

每一只可转债在发行时会锚定对应股票价格——转股价，延伸可以得到两个公式：

$$转股价值=\frac{股价}{转股价}\times 100$$

$$转股溢价率=\left(\frac{可转债价格}{转股价值}-1\right)\times 100\%$$

由此可知，当股票价格超过转股价，可转债表现出股性；当股票价格低于转股价，可转债表现出债性。

可转债基础理论及策略研究大部分内容是围绕着转股价值和转股溢价率展开的，下面结合实际案例来梳理投资可转债的方法，如此更贴近市场。

## 一、债券属性

关于可转债的债券属性，我们讲过，当股价小于转股价时，可转债逐渐表现为债性，此时继续往下跌的空间越来越小，风险也越来越小。

可转债的内核是付息债券，大多数可转债付息远低于市场同类（评级）企业债券，如浦发转债；很小一部分的可转债付息高于市场同类（评级）企业债券，如本钢转债。

以浦发转债为例，具体看一下可转债的债券属性。浦发转债的付息条款为浦发转债票面利率，第1年为0.20%，第2年为0.80%，第3年为1.50%，第4年为2.10%，第5年为3.20%，第6年为4.00%。第6年以可转债面值的110%（含第6年的利息）的价格赎回全部未转股的可转债。

在不考虑违约的情况下，浦发转债到期会付息给可转债持有人。如此，持有浦发转债6年，一共可以拿到17.8%的税前收益。

**小提示：**多数可转债，只要价格买得足够低，是不太可能亏钱的，最多就是耗的时间太久。

再来看20浦发银行永续债，其年付息为4.75%，收益率自然超过浦发转债；因为可转债付息通常低于同评级债券，因此浦发转债的债券价值也必然低于20浦发银行永续债。

如果浦发转债以低于公司债券的价格出售，使得其到期之后能够得到的利息收入与同评级债券相等，我们就把该价格称为纯债价值（第二章会对纯债价值的解读、计算等进行详细介绍）。

一般来说，可转债的纯债价值往往是可转债下有保底的最低价格。纯债价值对于判断可转债相对底部有非常大的指示作用。浦发转债3月价格走势如图1-1所示。

图1-1　浦发转债3月价格走势图

数据来源：Wind；截止时间：2022年3月11日。

通过上述浦发转债的例子可以得出结论，可转债的价格一般很难跌破其纯债价值，除非公司产生严重的信用危机、破产预期风险等。再者，浦发转债对应的公司是浦发银行，背后是政府的信誉担保，因此发生违约的可能性几乎为零。

**小提示：**纯债价值是一个动态变化的量，根据久期、付息、同评级债券等因素调整，评级变化对于纯债价值的影响很大，切不可刻舟求剑，妄以为低于纯债价值就是绝对底部。

下面我们再通过对比浦发银行和浦发转债两者的价格走势图，验证可转债下有保底的安全属性，如图1-2所示。

图1-2　浦发银行与浦发转债价格走势对比

数据来源：Wind；截止时间：2022年3月11日。

下方线为浦发银行的价格走势，上方线为浦发转债的价格走势。两者对比来看，浦发转债走势较为平稳，浦发银行却一直“跌跌不休”。可见，浦发转债的跌幅更小，保障性更强，投资者的持有体验感也更好。

因为可转债的下有保底债券属性的存在，使得浦发转债价格很难跌破其纯债价值。距离到期时间越近，浦发转债付息就越高，其纯债价值也会不断提高，价格跟着稳步上扬。

其实，可转债的“下有保底”属性存在的原因还有重要的一点，即下修。下修能够大幅增加可转债的转股价值，即股票属性的价值。在上涨过程中股票属性会起到非常大的作用。下面我们来讨论一下可转债的股票属性。

## 二、股票属性

关于可转债的股票属性，前面我们提到过，当股票价格大于转股价时，可转债逐渐表现为股性，其价格随股票价格上涨而上涨，随股票价格下降而下降，股票价值相对转债价值会有一个偏离，市场将这个偏离称为转股溢价率。

“上不封顶”意味着在价格上涨过程中可转债和股票有类似的涨幅，以英科转债为例，将其价格走势与英科医疗的价格走势进行对比，具体如图1-3所示。

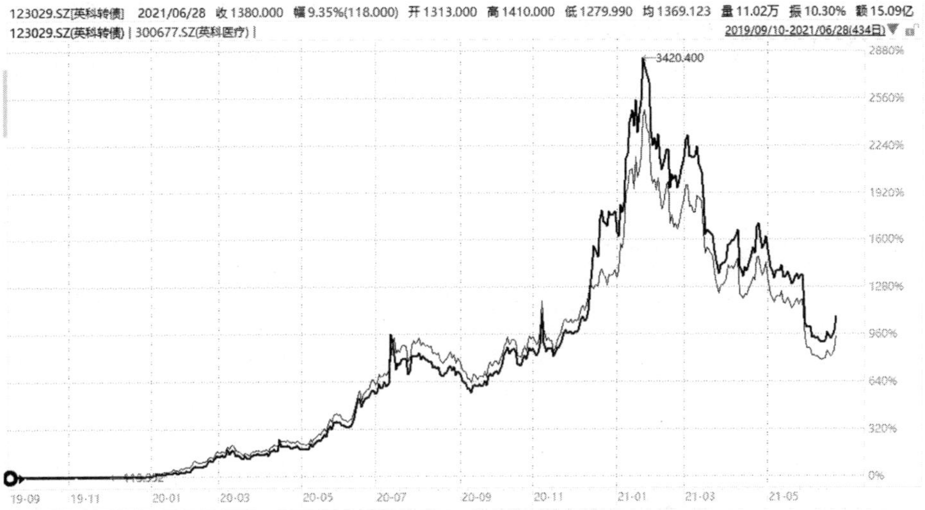


图1-3　英科医疗与英科转债价格走势对比

数据来源：Wind；截止时间：2021年6月28日。

在图1-3中，深色线为英科转债，浅色线为英科医疗。由两条线的走势可以看出，英科转债和英科医疗是同步上涨的，期间英科医疗上涨多大幅度，英科转债便紧随其后上涨多大幅度。可以看出，英科转债上市首日收盘价为110.01元，转股溢价率为12.01%；2021年1月22日，英科转债收盘价达到最高的3 420.4元，转股溢价率为37.48%。结合走势，从转股溢价率的角度来看，英科转债的溢价率在变高，这意味着英科转债的股性在减弱，其转股价值降低，因此，投资者此时更看好英科医疗。

至此，我们知道了可转债是一种“债券+股票”的投资组合品种，其所具有的“上不封顶，下有保底”的投资属性，是被多数投资者青睐和追捧的主要原因。

可以说，无论是国内还是国外，都很难找到比可转债更优秀的投资品种。在过去几年里，可转债给很多投资者创造了较高的收益回报，这种收益回报并不需要有很强的投资能力，大多数是可转债市场所给予的馈赠。

**小提示：** 在经过几段牛熊周期之后，无论是股票、债券还是衍生品，你会慢慢发现，投资的尽头是可转债。

# 第二章

# 可转债的基本要素

本章主要讲解转股价值、纯债价值，从可转债基本要素的计算公式、影响因素等内容延伸开去，进而讲解转股溢价率和纯债溢价的意义。

读完本章之后，相信读者会对可转债投资有较透彻地了解。

## 一、转股价值

在介绍可转债的转股价值之前，需要先了解转股价值是如何计算的。可转债转股价值计算公式如下：

$$转股价值=股价\div转股价\times100$$

可见，对于转股价值的介绍，离不开对于股价和转股价的剖析。

股价是一个变量，会随着市场的变化而变化。转股价是一个相对确定的值，一般在发行可转债时，确定可转债的转股价，通常有以下三个方式：

（1）以过去20天股价的均价作为可转债的转股价。20日均价=成交额÷成交量。一般为了方便计算，可以将转股价拟定为M20均线价格。

（2）以前一个交易日公司A股股票交易均价作为可转债的转股价。

（3）根据最近一期审计的结果，以不低于每股净资产的价格作为可转债的转股价。

转股价不得低于三个方式的较高者。

在实际中，当可转债募集说明书发布，就意味着上市转股价的确定，此时投资者可以从“可转债募集说明书”中找到该可转债转股价的具体确定方式。

转股价发行之前受股价影响，发行之后不受股价影响，从转股价值的计算公式可知，一般情况下，股价是唯一影响转股价值的因素。特殊情况下，当公司出现派送股票股利、转增股本、增发新股、配股及派发现金股利等情况时，公司将按上述条件出现的先后顺序，依次对转股价进行累积调整（保留小数点后两位，最后一位四舍五入)，具体调整办法如下：

派送股利或转增股本：$P_1=P_0\div(1+n)$；

增发新股或配股：$P_1=(P_0+A\times k)\div(1+k)$；

上述两项同时进行：$P_1=(P_0+A\times k)\div(1+n+k)$；

派发现金股利：$P_1=P_0-D$；

上述三项同时进行：$P_1=(P_0-D+A\times k)\div(1+n+k)$。

其中：$P_1$为调整后转股价，$P_0$为调整前转股价，$n$为该次送股率或转增股本率，$k$为该次增发新股率或配股率，$A$为该次增发新股价或配股价，$D$为该次每股派送的现金股利。

需要说明的是，派送股票、转增股本、增发新股、配股均不会对转股价值产生很大的影响，而分红的时候却可能会对转股价值产生较大的影响，具体原因如下：

在派送现金股利（分红）时，可转债可能会出现两个问题。

一是当股价远大于转股价时，转股价值远大于100元，正股分红会导致可转债价值增加；

二是当股价远小于转股价时，转股价值远小于100元，正股分红会导致可转债价值下降。

以英科转债为例，英科转债的转股价为11.32元，英科医疗股价为152元。对于英科医疗来说，分红10元是一个合理的利润分配方法，但这样的话，英科转债的转股价就会被调整至1.32元，代入转股价调整公式的派发现金股利公式，计算结果如下：

分红（派发现金股利）：$P_1=P_0-D=11.32-10=1.32$（元）；

分红后转股价值=股价÷转股价×100=(152−10)÷1.32×100=10 757.58（元）；

分红之前的转股价值=股价÷转股价×100=152÷11.32×100=1 342.76（元）。

由上述计算结果可知，英科转债的转股价值增加了701.15%，再进一步增加分红，直至大于11.32元，那么英科转债的转股价值便会趋于无限大。分红后转股价值无限增大，这个问题一直比较难解决，后来可转债领域把这种情况称为“英科公式”。

相反的情况也可能发生，即如果股价远低于转股价，那么分红就会降低转股价值。也就是分红后的转股价值远低于分红前的转股价值，让投资者利益受损，其投资价值也就大大降低。

综上，当可转债的正股下跌后再进行大额分红几乎是不太可能的。当可转债的转股价值低于100元时，其正股分红后对于转股价值的影响很小，几乎不会发生折损现象。而当可转债的转股价值大于100元时，其正股进行分红后则会使得转股价值大大提高。因此，整体来说，股票分红对于可转债投资者来说是比较有利的。

在本书第一章我们讲到了可转债的纯债价值，其是可转债“下有保底”的支撑；而转股价值也有类似的作用，如果说纯债价值是可转债低价区间的一个支撑参考，那么转股价值就是可转债高价区间的一个支撑参考。

可转债价格会随着转股价值的波动而波动，当可转债价格不断上升，其转股溢价率就越趋于0，具体如图2-1所示。

当可转债价格低于纯债价值时，意味着买入可转债比买入同评级债券更加合适；当可转债价格低于转股价值时，意味着买入可转债比买入股票更加划算。

图2-1　紫金转债转股溢价率变化

数据来源：Wind；截止时间：2021年8月28日。

那么，如果把低于纯债价值的可转债组合在一起，把低于转股价值的可转债组合在一起，两者谁会有更好的表现呢？在接下来的介绍中，我们将给出答案。

**小提示：**转股价值是本金，转股溢价率是杠杆，要以本金制定策略而不是盯着杠杆做交易，不要本末倒置，要知道，玫瑰诱人，但也带刺。

## 二、纯债价值

可转债作为低风险投资品种，其根本原因是其债券属性的存在，大多数的可转债投资者习惯盯着收益率思考投资机会，也就忽略了纯债价值的作用，下面我们就一起来看看纯债价值在可转债投资中的应用。

其实，纯债价值很好地回答了可转债投资的两个问题：

（1）从债券角度来说，以某个价格买入可转债持有到期收益率是多少。

（2）理论上，可转债最低要跌到多少。

下面我们以浦发银行——浦发转债为例，对纯债价值进行剖析。

浦发转债票面利率：第一年为0.20%，第二年为0.80%，第三年为1.50%，第四年为2.10%，第五年为3.20%，第六年为4.00%，最后一年以可转债面值的110%（含最后一年利息）的价格赎回全部未转股的可转债。

在第一章我们讲过，浦发转债发行面值100元持有到6年之后可以获得17.8%的税前收益，那么每年的收益率是多少呢？

这里需要将债券贴现公式代入浦发转债付息的计算中，具体如下：

税前收益率（YTM）：$3.2\div(1+x)^5+2.1\div(1+x)^4+1.50\div(1+x)^3+0.8\div(1+x)^2+0.2\div(1+x)+110\div(1+x)^6-100=0$

其中，$x$就是税前收益率。

通过计算，我们知道以某个价格买入可转债的收益回报率，以2022年4月28日为例，浦发转债的价格为105.55元，对应的久期（到期时间）为3.5年，代入公式计算如下：

税前收益率（YTM）：$3.20\div(1+x)^{2.5}+2.10\div(1+x)^{1.5}+1.50\div(1+x)^{0.5}+110.00\div(1+x)^{3.5}-105.55=0$，得到$x=3.03\%$。

现在我们知道了，以105.55元的价格买入可转债持有到期，每年年化收益率为3.03%（税前），这是一个非常不错的保本收益。

**小提示：**税前收益率的计算过程有些复杂，但是它并不是重点，因为多数软件都有提供，作为投资者，我们应该关注的重点是，以某个价格买入可转债持有到期收益率是多少。

明白了税前收益率的计算方法后，我们再来看一下可转债的纯债价值。

为了让大家更好地理解何为纯债价值，我们通过一个有趣的小故事来进行说明。

陈大爷要去银行买理财产品，市场上有两种一年期债券，具体如下：

（1）面值为100元，一年到期付息3%的可转债；

（2）面值为100元，一年到期付息5%的公司债券。

从债券收益的角度去考虑，肯定是选择买入公司债券，因为这样可以获得更多的利息；而可转债的价格是波动的，有时会低于100元，那么当其跌到多少元时，陈大爷买入持有一年后获得的收益和公司债券一样？

这里我们可以用贴现的方式计算，相当于以某个价格买入付息3%的可转债持有一年后等于付息5%的公司债券收益，过程如下：

$$103 \div 1.05 = 98.10（元）$$

该价格是对可转债到期价103元以5%的贴现率进行贴现得到的现值，也就是该可转债的纯债价值。

现在可以告诉陈大爷，当可转债价格等于98.10元时，可转债收益等于公司债券收益；当可转债价格小于98.10元，买入可转债更好，能够获得更高的收益，且还能额外获得更多可转债权利。

通过陈大爷买债券的故事，我们可以知道以下一些债券知识：

（1）98.10元为纯债价值，等同同类（评级）债券的价值；

（2）3%付息为税前收益率，即债券能够获得的收益；

（3）5%为计算同类债券的贴现率；

（4）贴现计算，是以未来公司债券的价值得到可转债现在的价格。

在介绍了纯债价值的应用后，我们再来看看纯债价值是如何得到的。以浦发转债为例，根据其付息条款（浦发转债票面利率：第一年为0.20%，第二年为0.80%，第三年为1.50%，第四年为2.10%，第五年为3.20%，第六年为4.00%，最后一年以可转债面值110%（含最后一年利息）的价格赎回全部未转股可转债）可知，持有到第六年到期后，一共会支付17.8元的利息（税前所有的收益），比一般公司债券低，前面提到过浦发永续债付息为4.75%，但多数可转债的付息是象征性的，会远低于同评级的债券。

一般的纯债价值计算公式为：

第$x$年可转债的纯债价值PV=（第$x$+1年的利率×面值）÷（1+折现率）+（第$x$+2年的利率×面值）÷（1+折现率）$^2$+…+（到期赎回价）÷（1+折现率）$^{6-x}$

把浦发转债的付息代入公式计算其纯债价值，具体如下：

浦发转债纯债价值$=3.2\div(1+x)^5+2.1\div(1+x)^4+1.50\div(1+x)^3+0.8\div(1+x)^2+0.2\div(1+x)+110\div(1+x)^6$

为了方便折现率计算，一般采用同期限上海证券交易所企业债收益率（折现率为3.96%，根据不同评级、期限对应的折现率不一样）计算，可以得到浦发转债上市发行时，其纯债价值为93.79元。也就是说，以低于93.79元的价格买入浦发转债，其收益率等于同期限、同等评级企业债的收益率，保证没有相对亏损。

那么，了解纯债价值的意义是什么呢？

纯债价值是可转债相对于同等评级债券的价值，同等评级债券价值为100元，而可转债纯债价值在75～100元区间，可转债投资者常常把纯债价值称为“债底”，即代表了可转债的最低价格。

在不考虑违约的前提下，当可转债的价格跌破纯债价值时，这是一个不错的投资机会。但在可转债的实际投资中，即使过去并没有出现过可转债的实际违约，低位敢不敢买入，以及买后能否坚定持有，对投资者来说都是一种考验。

根据纯债价值可以延伸出来非常多的挑选可转债的保守型策略，以税前收益率大于3%为筛选条件来筛选可转债，把筛选出来的标的组合在一起，即可获得超过一般货币基金的理财收益（收益率在2%～3%），如表2-1所示。

**表2-1　以保守型策略筛选可转债标的**

| 代　码 | 名　称 | 价格(元) | 剩余期限（年） | 纯债YTM（%） | 转股价值（元） | 转股溢价率（%） | 到期赎回价（元） | 债券评级 | 类　型 |
|---|---|---|---|---|---|---|---|---|---|
| 127016.SZ | 鲁泰转债 | 101.23 | 4.61 | 3.04 | 64.52 | 56.89 | 111.00 | AA+ | 偏债型 |
| 110072.SH | 广汇转债 | 98.46 | 4.97 | 3.09 | 71.22 | 38.26 | 110.00 | AA+ | 偏债型 |
| 113042.SH | 上银转债 | 102.99 | 5.41 | 3.10 | 67.83 | 51.84 | 112.00 | AAA | 偏债型 |
| 110059.SH | 浦发转债 | 103.96 | 4.17 | 3.10 | 65.64 | 58.38 | 110.00 | AAA | 偏债型 |
| 127007.SZ | 湖广转债 | 102.12 | 2.83 | 3.13 | 65.23 | 56.55 | 108.00 | AA+ | 偏债型 |
| 128100.SZ | 搜特转债 | 101.70 | 4.54 | 3.18 | 93.83 | 8.39 | 112.00 | A | 偏股型 |
| 110064.SH | 建工转债 | 104.91 | 4.31 | 3.21 | 75.28 | 39.37 | 113.00 | AA+ | 偏债型 |
| 128132.SZ | 交建转债 | 100.04 | 5.05 | 3.27 | 59.26 | 68.82 | 112.00 | AA | 偏债型 |
| 113601.SH | 塞力转债 | 102.85 | 4.98 | 3.35 | 67.31 | 52.79 | 115.00 | AA− | 偏债型 |
| 113573.SH | 纵横转债 | 106.70 | 4.64 | 3.41 | 56.60 | 88.51 | 118.00 | AA+ | 偏债型 |
| 127003.SZ | 海印转债 | 107.12 | 0.78 | 3.44 | 69.57 | 53.98 | 110.00 | AA | 偏债型 |
| 113589.SH | 天创转债 | 97.65 | 4.82 | 3.50 | 46.46 | 110.18 | 110.00 | AA | 偏债型 |
| 128015.SZ | 久其转债 | 102.99 | 1.78 | 3.53 | 68.15 | 51.12 | 108.00 | A+ | 偏债型 |
| 123028.SZ | 清水转债 | 106.27 | 3.81 | 3.56 | 75.34 | 41.05 | 115.00 | A+ | 平衡型 |
| 128117.SZ | 道恩转债 | 103.94 | 4.84 | 3.62 | 51.82 | 100.57 | 118.00 | AA− | 偏债型 |
| 113596.SH | 城地转债 | 94.15 | 4.92 | 3.88 | 35.82 | 162.84 | 108.00 | AA− | 偏债型 |
| 113017.SH | 吉视转债 | 99.67 | 2.33 | 3.89 | 61.02 | 63.35 | 106.00 | AA+ | 偏债型 |
| 110052.SH | 贵广转债 | 103.07 | 3.52 | 3.93 | 57.05 | 80.66 | 113.00 | AA+ | 偏债型 |
| 113519.SH | 长久转债 | 105.54 | 3.19 | 3.99 | 63.22 | 66.93 | 115.00 | AA | 偏债型 |
| 128044.SZ | 岭南转债 | 98.29 | 2.96 | 4.03 | 48.22 | 103.82 | 107.00 | AA− | 偏债型 |
| 113569.SH | 科达转债 | 99.92 | 4.53 | 4.28 | 45.00 | 122.04 | 115.00 | AA− | 偏债型 |
| 128127.SZ | 文科转债 | 98.08 | 4.98 | 4.36 | 83.20 | 17.88 | 115.00 | AA− | 平衡型 |
| 128138.SZ | 侨银转债 | 108.35 | 5.22 | 4.62 | 62.93 | 72.18 | 130.00 | AA− | 偏债型 |
| 113576.SH | 起步转债 | 96.09 | 4.62 | 5.31 | 46.35 | 107.31 | 115.00 | A | 偏债型 |
| 113595.SH | 花王转债 | 89.42 | 4.90 | 7.20 | 47.11 | 89.81 | 119.00 | BBB+ | 偏债型 |
| 128062.SZ | 亚药转债 | 85.54 | 3.59 | 9.90 | 25.35 | 237.40 | 115.00 | BB | 偏债型 |

数据来源：Wind；截止时间：2021 年 8 月 28 日。

由表2-1可知，一共有26只可转债的纯债YTM大于3%，其中最大值亚药转债为9.9%，最小值鲁泰转债为3.04%。经过计算，得出纯债YTM的平均值是4.03%。可见，通过筛选以保守型策略转债组合获得超过3%持有收益率是一件很简单的事情。

如果加入一些新的筛选条件，将保守型策略进一步优化，比如，投资时间越久其不确定性越强，因而加入期限条件筛选，设定为3年以内，具体如表2-2所示。

**表2-2　保守型策略优化组合**

| 代　码 | 名　称 | 最新（元） | 剩余期限（年） | 纯债YTM（%） | 转股价值（元） | 转股溢价率（%） | 到期赎回价（元） | 债券评级 | 类　型 |
|---|---|---|---|---|---|---|---|---|---|
| 127003.SZ | 海印转债 | 107.12 | 0.78 | 3.44 | 69.57 | 53.98 | 110.00 | AA | 偏债型 |
| 128015.SZ | 久其转债 | 102.99 | 1.78 | 3.53 | 68.15 | 51.12 | 108.00 | A+ | 偏债型 |
| 113017.SH | 吉视转债 | 99.67 | 2.33 | 3.89 | 61.02 | 63.35 | 106.00 | AA+ | 偏债型 |
| 127007.SZ | 湖广转债 | 102.12 | 2.83 | 3.13 | 65.23 | 56.55 | 108.00 | AA+ | 偏债型 |
| 128044.SZ | 岭南转债 | 98.29 | 2.96 | 4.03 | 48.22 | 103.82 | 107.00 | AA- | 偏债型 |

数据来源：Wind，截止时间：2021 年 8 月 28 日。

通过表2-2所选择的这5个可转债标的，具有较强的防守性能，且距离到期赎回时间比较短，确定性进一步增强，使得达到预期收益也更明确。

需要特别注意的是：该可转债组合收益率不仅仅是债券方面，还包括股票方面，保守型策略只是一个非常基础的操作方法，在此基础之上做一些拓展，收益率就会有很大的提高。

**小提示：**纯债价值的计算过程较复杂，但计算并不是重点，更重要的是要明白纯债价值背后的含义及其实际应用。

## 三、溢价率（纯债溢价率、转股溢价率）

纯债溢价率，是指从债券的角度计算可转债的溢价率水平。具体公式如下：

纯债溢价率=（转债价格÷纯债价值−1）×100%

举例说明，某可转债上市时，其面值为100元，纯债价值为90元，对应的纯债溢价率=（100÷90−1）×100%=11%。

那么，纯债溢价率的作用是什么呢？

其实，纯债溢价率在可转债投资过程中的作用并不大，但纯债价值相关可转债市场平均到期收益率可以作为一个衡量整体转债市场估值的指标。

可转债市场目前没有单独衡量整体高低估指标，平均到期收益率是一个较好的替代指标。从图2-2可知，圈内对应的平均溢价率是正值，意味着把可转债整体组合在一起，即使未来股票没有涨，但可转债仍然可以获得一个正收益。

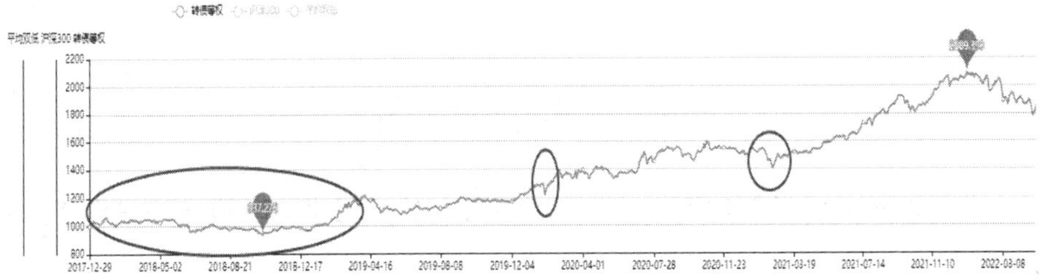


图2-2　平均到期收益率低点位置示意

数据来源：集思录可转债等权指数；截止时间：2022年5月3日。

转股溢价率，是指从股票的角度计算可转债的溢价率水平。具体公式如下：

转股溢价率=（可转债价格÷转股价值−1）×100%

=[（可转债价格−转股价值）÷转股价值]×100%

其中：转股价值=股价÷转股价×100

转股溢价率是一个非常重要的指标，可转债大多数的策略都是从转股溢价率这一因素延伸开来的。也就是说，当懂得了转股溢价率的意义，也就等于掌握了可转债的投资策略。

市场上，通常把转股溢价率简称为“溢价率”。以价格为横坐标、溢价率为纵坐标绘制一个四象限图，由价格+溢价率构成四个象限区域的可转债投资奥秘，具体如图2−3所示。

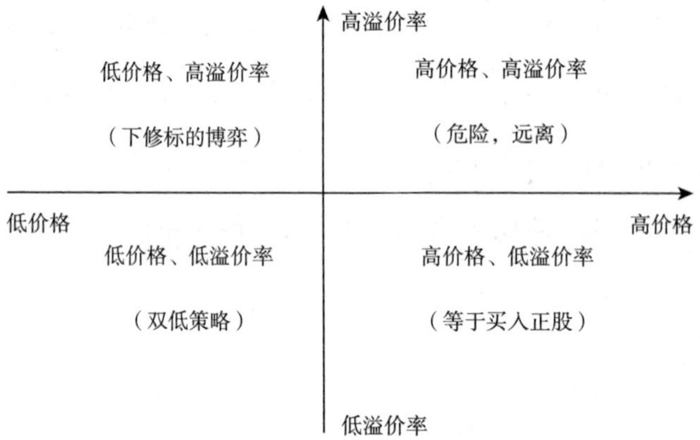


图2-3　价格与溢价率四象限图

由图2−3可知，可转债可以分布到不同的象限，分别代表不同的投资价值，具体如下：

第一象限，高价格、高溢价率：危险，远离

高价+高溢价区间转债一定是风险大于收益的，相当于把钱送到别人的口袋里或者说这是一个互摸口袋的游戏，因此要远离。

第二象限，低价格、高溢价率：下修标的博弈

一般来说，高溢价率通过正股上涨消化概率非常小，大多数情况是通过下修转股价的方式去消化溢价率，这类转债主要用于下修标的博弈。还有一种特殊的情况，即当低价格、高溢价率可转债再叠加小规模（可流通规模、正股流通市值小）时，有可能未来该可转债会成为一只“妖债”，也就是变为第一象限的“高价+高溢价”区域，因此要谨慎参与“妖债”的博弈。

第三象限，低价格、低溢价率：双低策略

处在该象限区域内的可转债，性价比通常较高，即能以同等价格买到相对低溢价率的可转债。但双低也有其自身的问题，即存在行业同质化现象。关于双低策略，还会在第六章进行详细介绍，此处不再赘述。

第四象限，高价格、低溢价率：等于买入正股

该区域的可转债有两大优点：

一是持有的可转债与正股相比有一点儿亏损，预期亏损部分就是溢价率，因为一旦出现强赎的情况，溢价率就会变成实际折损。

低溢价率可转债的价值表现在可转债与股票交易规则的不同，当股票涨停，对应的可转债会更加活跃，持有可转债可能会有超额的收益，这算是对于出现强赎情况溢价率折损的一种弥补。

二是低溢价率对应的正股多数处于上涨趋势，因为市场上高热度股票往往是低溢价率的，因此买入低溢价率的可转债也就意味着能博取较高收益。“低溢价率”主动选择A股市场强势股票对应的可转债，过去低溢价率策略被很多投资者质疑，但现在理论已经被实践证实了。

综上，从转股溢价率与可转债价格之间的关系来看，转股溢价率有高、低两种情况。但无论价格如何，低溢价率都是好的，表示相对便宜；高溢价率需要单

独区分是高价还是低价，投资高价可转债无异于赌博，可转债低价时则可以参与下修埋伏。

**小提示**：很多投资者执着于把所有策略都学明白，试图从中找出最厉害的策略，但其实只要学会了一种并加以灵活运用，就能够超过大多数人了。

# 第三章

# 可转债基本条款

可转债基本条款的灵活运用，不仅可以从股东手中获得更多的权益，还可以合理、合法地保护可转债投资者的权益。

可转债的“上不封顶，下有保底”特性，归根结底是条款在发挥作用，本章我们就一起来了解一下可转债条款在投资中发挥的重要作用。

## 一、转股条款

可转债转股计算公式如下：

转股数=面值（100元）×持有张数÷转股价

以东财转债为例，东方财富股价为15.15元，转股价为11.39元，转股溢价率为-5.26%，持有10张（一手）东财转债可以转换多少股票？（截至时间：2018年5月3日）

转股数=面值（100元）×持有张数÷转股价=1 000÷11.39=87.80（股）

这里涉及可转债投资常常说的一个内容：转股套利，持有可转债的市场价值与转化成股票的市场价值之间存在一个差值。如果把可转债转换为股票是有利可图的，便可以进行转股套利。

从表3-1可知，东财转债价格为126.01元。

**表3-1　东财转债转股溢价率**

| 日　期 | 价格（元） | 纯债 YTM（%） | 转股价值（元） | 纯债价值（元） | 转股溢价率（%） |
|---|---|---|---|---|---|
| 2018-05-03 | 126.010 0 | -2.300 2 | 133.011 4 | 85.283 7 | -5.26 |
| 2018-05-04 | 126.776 0 | -2.407 7 | 130.465 3 | 84.997 6 | -2.83 |
| 2019-03-08 | 165.102 0 | -8.134 8 | 169.894 4 | 87.790 6 | -2.82 |
| 2018-05-07 | 129.499 0 | -2.783 6 | 133.011 4 | 85.027 2 | -2.64 |
| 2019-02-26 | 167.200 0 | -8.333 2 | 171.654 9 | 88.250 6 | -2.60 |
| 2019-02-27 | 162.710 0 | -7.812 4 | 166.901 4 | 88.047 2 | -2.51 |
| 2018-05-02 | 123.490 0 | -1.944 2 | 126.426 7 | 85.183 8 | -2.32 |
| 2019-05-10 | 138.588 0 | -4.848 0 | 141.197 2 | 90.629 7 | -1.85 |
| 2019-03-01 | 180.650 0 | -9.825 1 | 183.978 9 | 87.806 1 | -1.81 |
| 2019-05-06 | 127.500 0 | -3.084 6 | 129.841 6 | 90.262 35 | -1.80 |

数据来源：Wind；截止时间：2019 年 8 月 28 日。

现在将10张（一手）东财转债转化为东方财富股票，计算过程如下：

10张东财转债在可转债市场的价格为：126.01×10=1 260.1（元）

可转换为东方财富股数=1 000÷11.39=87.8（股）（碎股折算为现金）

87股东方财富股票市场价值为：87×15.15=1 318.05（元）

可见，持有东财转债的价值由原来的1 260.1元转换为1 318.05元股票市值和碎股现金价值。

**知识延伸：**转股的最小单位为一股，不满一股部分以面值现金结算，但存在价格差，因此，当转股价值大于100元面值，碎股转现金是有一点儿亏损的；当转股价值小于100元面值，碎股转现金就会有一定的盈利（历史上，鸿达兴业——鸿达转债发生过转股价值低于100元的大量转股）。

根据转股套利价值差的理论知识，上述东财转债转换为东方财富股票虽然是盈利的，但实际中，并非所有的债转股都能够获利，亏损的情况也时有发生。笔者就曾参与过转股套利，结果就以亏损收场。

## 二、回售条款

回售条款，是可转债持有人的一项权利。

在本次发行的可转换公司债券最后两个计息年度，如果公司股票在任何连续30个交易日的收盘价低于当期转股价格的70%时（具体参考募集说明书），可转债持有人可以要求公司以面值加上当期利息回购可转债。

流程如下：

可转债持有人于回售申报期进行申报，结束之后再确认赎回的数量。

以久其转债的回售公告为例，具体如下：

回售价格：100.386元人民币/张（含息税）

回售申报期：2021年9月10日至2021年9月16日

投资者回售款到账日：2021年9月27日

回售是可转债持有人把可转债卖还给公司，上市公司先收集可转债再还钱，存在时间差，过程并不需要交纳保证金，确认之后交纳资金即可。

回售意味着上市公司要花一大笔钱去回购可转债，大多数公司是不愿意回购的，因而在接近回售年度时，部分上市公司会选择下修转股价，通过提高转股价值、提高可转债价格的方式来避免回购。由此我们也能够明白，在临近回售年度，当可转债价格大于面值+当期利息时，出于利益考虑可转债持有人会选择不回售。

附加回售权：当公司改变募集可转债资金用途时，可转债持有人拥有一次回售的权利。

可转债新规规定：变更可转债募集资金投资项目的，上市公司应当在股东大会通过决议后20个交易日内赋予可转债持有人一次回售的权利，有关回售公告至少发布3次。

其中，在回售实施前、股东大会决议公告后5个交易日内至少发布1次，在回售实施期间至少发布1次，余下1次回售公告的发布时间视需要而定。

该条款常常被用于与上市公司的邮件、电话沟通，以回售可转债对于公司现金流产生较大影响为由，引导董事会提议下修可转债的转股价。

**知识延伸：**如果回售期间出现下修，那么就需要重新计数（30天），存在每次下修一点儿的可能，循环下修避免回售，目前没有发生过，实际操作难度高。

## 三、赎回条款

赎回分为到期赎回和强制赎回两种情况，从过去可转债退出市场统计来看，大部分的可转债是强制赎回，仅有少部分可转债是到期赎回。

2017年可转债由原来的现金申购改为信用申购，迎来可转债发行大时代。多数的可转债发行期限为6年，有限时间里造成可转债到期赎回的标的并不多，按照到期可转债时间顺序排列，有以下案例：

广汽转债到期赎回价106元（含税），最后交易价格为106.43元；

九州转债到期赎回价108元（含税），最后交易价格为107.73元；

航信转债到期赎回价107元（含税），最后交易价格为106.7元；

电气转债到期赎回价106.6元（含税），最后交易价格为106.48元。

一些到期赎回可转债（并非全部到期赎回，过去高位有部分转股）过去有出现过低于到期赎回价的时间段，也有高于到期赎回价的时间段。对于上市公司来说，需要找准时机，快速强赎，避免沦落到最后还钱的窘态。

以广汽转债为例，其最低价为98.80元，最高价为150元，中间有过辉煌，也有过低谷，在这一期间，上市公司就应该找准时机，快速赎回。

从到期赎回价也可以延伸出一个投资可转债的技巧，那就是在没有违约的情况下，唯有价格便宜才是王道。

只要买入价格低于到期赎回价，才会最大限度地避免亏钱。

总的来说，强制赎回分为两种情况：

一是如果公司A股连续30个交易日中至少有15个交易日的收盘价不低于当期转股价格的130%（含130%）（具体参考可转债募集说明书）。

二是当可转债余额规模低于3 000万元时。

可转债赎回新规规定：在可转债存续期内，上市公司应当持续关注赎回条件是否满足，预计可能满足赎回条件的，应当在赎回条件满足的5个交易日前及时披露提示性公告，向市场充分提示风险。

上市公司应当在满足可转债赎回条件的当日召开董事会决定是否行使赎回

权，并在次一交易日开市前披露赎回或者不赎回公告。

上市公司行使赎回权的，应当及时办理赎回相关业务并披露实施赎回公告，此后在赎回登记日前每个交易日披露1次赎回提示性公告。

上市公司未按本款规定履行审议程序及信息披露义务的，视为不行使本次赎回权。

上市公司不行使赎回权的，应当充分说明不赎回的具体原因，且在未来至少3个月内不得再次行使赎回权，并在公告中说明下一满足赎回条件期间的起算时间。

上市公司决定行使或者不行使可转债赎回权的，应当充分披露其实际控制人、控股股东、持有5%以上股份的股东、董事、监事、高级管理人员在赎回条件满足前的6个月内交易该可转债的情况。

披露内容应当包括期初持有数量、期间合计买入数量、期间合计卖出数量、期末持有数量等。上市公司不行使可转债赎回权的，还应当披露上述主体未来6个月内减持可转债的计划，相关主体应当予以配合。

**补充说明：**过去对于可转债赎回细节内容是比较模糊的，部分条款执行有很大争议，投资者和上市公司各执一词，但新规对于可转债赎回增加了不少明确规定，更加有利于投资者投资可转债。

一般来说，多数的可转债发布强赎公告之后，可转债价格会大跌，转股溢价率会呈现负值，投资者选择转股套利导致正股流通盘增加，股价随之下跌，可转债与股票之间容易造成负循环导致股债双杀，因而在满足第10个交易日时就应该考虑卖出可转债来规避强赎风险。

强赎风险需要特别重视，以时达转债为例，如图3–1所示。

图3-1　时达转债宣布强赎后价格走势

数据来源：Wind；截止时间：2021年10月28日。

时达转债强赎期间，在27个交易日里其价格自高点下跌了32%，造成可转债投资者巨额亏损。

强赎具有非常大的风险，一般遇到可能强赎的标的，最好的方式是及时卖出，同时建议不要参与以强赎为底层逻辑的博弈。待上市公司发出公告称不提前赎回后，再择机考虑买入可转债，参与该可转债的投资。

关于可转债到期赎回收益扣税问题，一般是在可转债计息条款最后一年进行当年利息和一定收益的补偿，但市场对于收益补偿是否扣税存在一定的争议。以广汽转债为例，关于可转换公司债券利息所得税的说明公告：

根据《中华人民共和国个人所得税法》及其他相关税收法规和文件的规定，公司可转债个人投资者（含证券投资基金）应履行纳税义务，征税税率为个人收益的20%，即每张面值人民币100元可转债赎回金额为人民币106.00元（税前），实际派发金额为人民币104.80元（税后）。

以九州转债为例，关于可转换公司债券利息所得税的说明公告：

依据公司《募集说明书》相关规定，公司将按债券面值的108%（含最后一年票面利率2%）的价格赎回未转股的可转债，其中利息部分的所得税将统一由各兑付机构按20%的税率代扣代缴，即每张面值人民币100元可转债实际派发金额为人民币107.6元（税后）。

广汽转债税后收益为（6×80%）=4.8（元），九州转债税后收益为（2×80%+6）=7.6（元）。广汽转债对个人转债投资者收益补偿部分有代扣代缴，而九州转债对于个人转债投资者收益补偿没有代扣代缴，市场对于收益补偿部分是否扣税一直存在争议。

在笔者看来，从整体设计角度来说，到期收益应该是要全部征税的，如果对于收益补偿部分不征税，那么计息条款可以设计成前面五年不付息或者少量付息，最后一年给予一定的收益补偿，避免缴税。

**小提示：** 对于纳税人来说，如果每年所缴纳个人所得税没有达到一般纳税人标准，那么是可以向当地税务局申请退税的。

对于持有可转债的企业，其债券利息所得税由其自行缴纳，即每张面值100元人民币可转债实际派发全部本息金额（含税）。

以公司户、私募基金产品持有可转债是全额兑付的，因而存在一定的套利空间。

以航信转债为例，到期赎回价格为107元，最后交易价格为106.7元，两者之间有0.3元的套利空间。航信转债停止交易日为5月31日，资金发放日为6月15日，15天获得收益为0.28%，年化收益率接近7%。

小提示：我们投资的每一只可转债，都有我们辛勤付出的汗水，因此可转债无论是强制赎回、到期赎回，都意味着一只可转债的陨落，所以我们应当珍惜所投资的每一只可转债。

## 四、下修条款

下修条款，是公司股东的一项权利而不是义务，所以说公司是决定下修的重要因素，而不是达到条件就可以下修。

一般情况下，如果公司股票在任意连续30个交易日中至少15个交易日的收盘价格不高于当期转股价格的80%（含80%），董事会提议下修，进行全体非转债持有股东投票，具体是否下修，则需要查看每个可转债的募集说明书。

关于下修条款的进一步说明：

（1）下修转股价限制。一般来说，转股价格应不低于股东大会召开日前20个交易日公司股票交易均价、前1个交易日公司股票交易均价、股票面值、最近一期经审计每股净资产的较高值。

其中，限制最大的是每股净资产，这导致很多银行类可转债、国企类可转债不能下修，因为其每股净资产高于当前的股价，确定具体条款限制内容需要看可转债募集说明书，部分可转债并未设定每股净资产限制，如湖广转债、贵燃转债。

（2）下修是公司权利而非义务，下修就意味着公司股权被稀释，属无奈之举，因为如果不下修，根据可转债回售条款，在临近回售期时，公司就要拿出一大笔钱来进行可转债的回购，因此，博弈下修可转债可重点选择临近回售期的标的。

(3)下修发生不仅增加转股价值，也增加投资者对于可转债强赎的预期，这使得许多可转债下修之后，波动和成交量较下修前增加。例如，可转债原本转股价为10元，由于正股不断下跌到5元，可转债转股价跟着下修到5元，同样100元转股价值，其5元对应的波动反映在可转债上是大于10元的。从投资者心理角度来说，5元涨到6.5元比10元涨到13元更加简单，这是很多可转债投资者喜欢交易下修标的的原因，这种现象反映在下修之后可转债的成交量明显放大。

可转债下修新规:

上市公司应当在预计触发转股价格修正条件的5个交易日前及时披露提示性公告。

在转股价格修正条件触发当日，上市公司应当召开董事会审议决定是否修正转股价格，在次一交易日开市前披露修正或者不修正可转债转股价格的提示性公告，并按照募集说明书或者重组报告书的约定及时履行后续审议程序和信息披露义务。上市公司未按本款规定履行审议程序及信息披露义务的，视为本次不修正转股价格。

上市公司修正转股价格的，应当及时披露转股价格修正公告。公告应当包括修正前的转股价格、修正后的转股价格、修正转股价格履行的审议程序、转股价格修正的起始时间等内容。

上市公司不修正转股价格的，下一触发转股价格修正条件的时间从本次触发修正条件的次一交易日重新起算。

也就是说，在新规发布之后，即使可转债达到下修条件，公司也需要判断是否下修，这与新规发布前的“快要偿还可转债资金或接近回售期才考虑下修”的情况不同。新规发布后下修可转债数量增加，埋伏下修可转债的时间也会变得更加明确。

（1）代持下修可转债。其操作过程如下：某大股东持有大量可转债，而现在可转债价格比较低，想要下修转股价提高转股价值，但苦于持有转债股东无法参与下修表决。此时，大股东将持有可转债转给某机构代持，然后大股东参与下修会议投票下修转股价，之后机构卖出可转债盈利。

当可转债在价格低位时，大股东通过大宗交易或竞价交易卖出可转债，未来下修可能性增加。

以上操作在笔者看来，也可能是大股东过去向金融机构借钱认购可转债，现在低价转让一部分用于还钱，并无下修的想法。

（2）在可转债泡沫化时期，下修之后的可转债依旧维持较高的转股溢价率。理论上，买入正股比买入可转债存在更高的收益率，收益率差来自溢价率差的复利增长。

例如，A转股价值为100元，转债价格为130元，溢价率为30%；因股价上涨100%后，A转股价值涨到200元，对应的转债价格为200元，溢价率为0%；正股的涨幅为100%，可转债的涨幅为53.84%，涨幅差大于原本溢价率差，在股价增长、溢价率缩减的过程中，两者收益率差会被放大。

当可转债下修之后其依旧维持较高的溢价率，考虑以正股替代可转债的方式获得更高的收益，通过组合理论降低整体风险，获得更高的组合收益率。

**小提示：**投资组合理论是指若干种证券组成的投资组合，其收益是这些证券收益的加权平均数，但是其风险却不是这些证券风险的加权平均风险，因此投资组合能降低非系统性风险。

但组合策略也存在个别极端风险，会出现溢价率泡沫化，导致股价下跌而可转债不跌，之后再次下修可转债转股价格，可转债开始盈利而正股严重亏损。

**小提示：** 可转债条款对于投资者可谓爱护有加，当股价上涨时，可转债紧随其后获得同样的收益；当股价下跌时，可转债条款就开始保护投资者不被伤害。

# 第四章

# 交易规则

可转债的交易规则比较枯燥，且内容庞杂。鉴于此，笔者精心挑选了其中的一些重点内容来进行介绍，以期让投资者可以更快、更深入、更准确地了解可转债的交易规则，做到合理、合法地应用可转债交易规则来保护自己。

## 一、一般交易规则解读

（1）交易方式。向不特定对象发行的可转债采用匹配成交、协商成交等交易方式。

匹配成交是指交易系统按价格优先、时间优先的原则，对向不特定对象发行的可转债交易申报自动匹配成交的交易方式。

协商成交是指可转债投资者之间通过协商等方式达成可转债交易意向，并向交易系统申报，经交易系统确认成交的交易方式。

沪市：

向不特定对象发行的可转债采用匹配成交方式的，每个交易日的9:15至9:25为集合匹配时间，9:30至11:30、13:00至15:00为连续匹配时间。

深市：

向不特定对象发行的可转债采用匹配成交方式的，每个交易日的9:15至9:25为开盘集合匹配时间，9:30至11:30、13:00至14:57为连续匹配时间，14:57至15:00 为收盘集合匹配时间。每个交易日的 9:20至9:25、14:57至15:00，本所交易主机不接受参与匹配成交的撤销申报。

**解释说明：**该条款可作为可转债上市首日交易挂单技巧使用，即当预期可转债会有较大涨幅时，开盘时委托挂单为130元，个人与机构相比基本没有通道优势，非常难成交，可退而求其次选择以143元挂单，等待在143元买入。

该方式的优势就是价格优先在时间优先之前，相对来说更容易成交。

（2）除息。向不特定对象发行的可转债发生付息的，交易所在权益登记日次一交易日对该转债做除息处理。

除息日即时行情中显示的该转债的前收盘价为除息参考价；

除息参考价=前收盘价-本次支付的利息；

向不特定对象发行的可转债在除息日的交易，以其除息参考价作为计算涨跌幅的基准。

**解释说明：**虽然可转债支付的利息非常少，但是仍要除息，只是因为其对于价格影响太小，所以被很多投资者忽略了。

（3）最后交易日。向不特定对象发行的可转债最后一个交易日，证券简称首位字母为“Z”。

上市公司股票因交易类强制退市被终止上市，其向不特定对象发行的可转债被终止上市的情形除外。

解释说明：

首位字母能够起到很好的警示作用，让投资者知道是最后的交易日。

（4）开盘价、收盘价。

沪市：

向不特定对象发行的可转债的开盘价通过集合匹配产生，且为集合匹配成交价格。

集合匹配阶段未能产生开盘价的，开盘价通过连续匹配产生，且为当日连续匹配第一笔成交价格。

向不特定对象发行的可转债的收盘价为匹配成交方式下当日该债券最后一笔交易（含）前一分钟所有交易的成交量的加权平均价。当日匹配成交方式无成交的，以前日收盘价为当日收盘价。

深市：

向不特定对象发行的可转债的开盘价、收盘价通过集合匹配方式产生。

开盘价不能通过集合匹配产生的，以连续匹配方式产生，为当日连续匹配第一笔成交价。

收盘集合匹配不能产生收盘价或者未进行收盘集合匹配的，以当日该可转债最后一笔匹配成交（含）前一分钟内所有匹配成交的成交量的加权平均价为收盘价。

（5）上市首日价格涨跌幅限制

沪市：

向不特定对象发行的可转债采用匹配成交方式的，其上市后的首个交易日，集合匹配阶段的有效申报价格范围为发行价的上下30%。

向不特定对象发行的可转债上市后的首个交易日涨幅比例为57.3%，跌幅比例为43.3%。

深市：

向不特定对象发行的可转债上市首日，开盘集合匹配期间的有效申报价格范围为发行价的上下30%；连续匹配、盘中临时停牌、收盘集合匹配期间的有效申报价格范围为匹配成交最近成交价的上下10%；收盘集合匹配在有效申报价格范围内进行撮合，且全日有效申报价格不得高于发行价的157.3%、不得低于发行价的56.7%。

**解释说明：**可转债上市首日涨跌幅在新规之后有较大差异，可转债开盘价区间为70~130元，达到临停状态一直到14:57恢复交易，继续涨停到临停，进入尾盘交易，对应涨跌幅为10%。

最高涨跌幅的由来：

最高涨幅为：130%×（1+10%）×(1+10%）=157.3%；

最低跌幅为：70%×（1−10%）×（1−10%）=56.7%。

（6）上市首日临时停牌规则。盘中临时停牌，向不特定对象发行的可转债上市后的首个交易日内，匹配成交出现下列情形的，本所可以对其实施盘中临时停牌：

① 盘中成交价格较发行价首次上涨或下跌达到或者超过20%的，临时停牌持续时间为30分钟；

② 盘中成交价格较发行价首次上涨或下跌达到或者超过30%的，临时停牌时间持续至当日14:57；

③ 盘中临时停牌具体时间以本所公告为准，临时停牌时间跨越14:57的，如14:40临时停牌半小时跨越14:57的情况，于当日14:57复牌。

**解释说明：**沪市可转债首日14:57复牌之后，采用连续竞价方式；深市可转债上市首日14:57复牌之后，采用集合竞价方式。

（7）日常交易规则，有效申报价格范围不同。除上市首日外，有效申报价格范围与涨跌幅限制范围一致，申报时超过涨跌幅限制或者有效申报价格范围的申报为无效申报。

除上市首日外，向不特定对象发行的可转债的价格涨跌幅限制比例为20%。

涨跌幅限制价格的计算公式为：涨跌幅限制价格=前收盘价×（1±涨跌幅限制比例）。计算结果按照四舍五入原则取至价格最小变动单位。

沪市：

向不特定对象发行的可转债采用匹配成交方式的，其上市后的首个交易日，集合匹配阶段的有效申报价格范围为发行价的上下30%；连续匹配阶段的交易申报价格不高于即时揭示的最低卖出价格的110%且不低于即时揭示的最高买入价格的90%；同时不高于上述最高申报价与最低申报价平均数的130%且不低于该平均数的70%；即时揭示中无买入申报价格的，即时揭示的最低卖出价格、最新成交价格中较低者视为前项最高买入价格；即时揭示中无卖出申报价格的，即时揭示的最高买入价格、最新成交价格中较高者视为前项最低卖出价格；当日无交易的，前收盘价格视为最新成交价格。

深市：

连续匹配、盘中临时停牌、收盘集合匹配期间的有效申报价格范围为最近匹配成交价的上下10%。

**解释说明：**沪市交易系统按照以下三种状况产生成交价：

（1）最高买进申报与最低卖出申报相同，则该价格即为成交价格；

（2）买入申报价格高于即时揭示的最低卖出申报价格时，以即时揭示的最低卖出申报价格为成交价；

（3）卖出申报价格低于即时揭示的最高买入申报价格时，以即时揭示的最高买入申报价格为成交价。

之前，上海证券交易所买卖无价格涨跌幅限制的证券，当市场无报价时，价格机制就会紊乱，其最大的作用是在极端情况下保护投资者的权益，避免因巨大波动造成亏损。

之前，深市交易所存在极端行情下挂单的问题，现在统一了有效申报价格与涨跌幅限制范围，也就不存在极端涨跌幅优先买卖机会，在本章第三部分有案例说明过去极值挂单交易的技巧。

（8）交易公开信息，向不特定对象发行的可转债上市首日，本所公布其匹配成交当日买入、卖出金额排名靠前的五家会员证券营业部的名称及其各自的买入、卖出金额。

上市首日后，出现下列情形之一的，本所公布其当日买入、卖出金额排名靠前的五家会员证券营业部的名称及其各自的买入、卖出金额：

当日收盘价涨跌幅达到±15%的前5只可转债；

当日价格振幅达到30%的前5只可转债。

价格振幅的计算公式为：

价格振幅=（当日最高价－当日最低价）÷当日最低价×100%

收盘价涨跌幅或者价格振幅相同的，依次按成交金额和成交量选取。

**解释说明：**类似于股票的龙虎榜机制，公开信息可以看到可转债市场涨幅、振幅异动的营业部，按照过去的经验，福建、浙江地区的营业部要频繁上榜了。

（9）异常波动，向不特定对象发行的可转债匹配交易出现下列情形之一的，属于交易异常波动。

本所分别公布其在交易异常波动期间累计买入、卖出金额排名靠前的五家会员证券营业部的名称及其买入、卖出金额：

连续3个交易日内日收盘价格涨跌幅偏离值累计达到±30%；中国证监会或者本所认定属于异常波动的其他情形。

严重异常波动，向不特定对象发行的可转债匹配交易出现下列情形之一的，属于严重异常波动，本所公布严重异常波动期间的投资者分类交易统计等信息：

连续10个交易日内3次出现规定的同向异常波动情形；

连续10个交易日内日收盘价格涨跌幅偏离值累计达到+100%（−50%）；

连续30个交易日内日收盘价格涨跌幅偏离值累计达到+200%（−70%）；

中国证监会或者本所认定属于严重异常波动的其他情形。

前述收盘价格涨跌幅偏离值为单只可转债涨跌幅与上证可转债指数涨跌幅之差。向不特定对象发行的可转债交易出现严重异常波动多种情形的。

**解释说明**：无论是异常波动还是严重异常波动都会被公布交易统计信息，其中异常波动对于可转债涨跌幅来说很容易就达到。

需要特别注意的是，可转债出现涨跌幅限制之后，就会有新的投机方式，如打板可转债、跟随明星营业部等，投资永远不会停止，学习交易规则一直都很重要。

（10）异动核查，向不特定对象发行的可转债交易出现异常波动时，上市公司或者相关信息披露义务人应当及时核查。

异常交易行为监控，可能影响向不特定对象发行可转债交易价格或者交易量的异常交易行为，具体包括：

a. 通过大笔申报、连续申报、密集申报，以维持可转债交易价格或者交易量处于特定状态；

b. 通过大额申报、集中申报或以明显偏离合理价值的价格申报，意图加剧可转债价格异常波动或者影响本所正常交易秩序的；

c. 大量或者频繁进行日内回转交易，影响本所正常交易秩序的；

d. 中国证监会或者本所规定的其他异常交易行为。

**解释说明：** 可转债的智能化交易和异常申报是有本质区别的，智能化交易是通过程序对于逻辑思考的一个演绎，而异常申报多半是人为的影响因素。

举例说明：

当发现买一和卖一之间存在交易价差，可以通过智能化同时挂单卖一与买一，锁定套利空间，如表4-1所示。

**表4-1　某转债报价单一**

| 买卖价 | 价　格(元) | 委托数 |
|---|---|---|
| 卖五 | 110 | 4 |
| 卖四 | 109 | 6 |
| 卖三 | 108 | 1 |
| 卖二 | 107 | 94 |
| 卖一 | 106 | 100 |
| 买一 | 105 | 200 |
| 买二 | 104 | 2 |
| 买三 | 103 | 11 |
| 买四 | 102 | 6 |
| 买五 | 101 | 2 |

同样的报价表，为了促进更多投资者买入成交，在买四位置委托大量预埋买单，造成市场大涨的假象，引诱投资者交易就属于异常交易行为，如表4-2所示。

表4-2　某转债报价单二

| 买卖价 | 价　格(元) | 委托数 |
| --- | --- | --- |
| 卖五 | 110 | 4 |
| 卖四 | 109 | 6 |
| 卖三 | 108 | 1 |
| 卖二 | 107 | 94 |
| 卖一 | 106 | 100 |
| 买一 | 105 | 200 |
| 买二 | 104 | 2 |
| 买三 | 103 | 11 |
| 买四 | 102 | 10 000 |
| 买五 | 101 | 2 |

异常交易行为为了达到某个特定的状态，如达到涨停的状态，这里有一个交易的细节，多数投资者交易习惯是涨停价、跌停价、整数价格卖出，但真实交易更加建议用小数、略低于涨跌停幅度挂单，以极小的损失去保证成交。

在笔者看来，对于大多数可转债投资者来说，可转债交易规则的细节是没有必要去深入学习的，但懂得规则之后可以预防原则性的错误。

在极端情况发生后，知其然知其所以然是很有必要的，懂得规则细节是设定程序化交易的基础，细微差异的挂单会帮助投资者减少亏损或者增加盈利。

## 二、沪深可转债交易规则

沪深可转债交易规则如表4-3所示。

**表4-3　沪深可转债交易规则**

| |
|---|
| 沪市可转债，代码以 11 开头（110/113/118）<br>深市可转债，代码以 12 开头（127/128/123） |
| 最小报价单位：0.001 元 |
| 最小交易单位：10 张，每张面值 100 元 |
| 上市首日交易规则：<br>上市首日开盘价范围：70~130 元；<br>上市首日委托价格范围：56.7~157.3 元，超过系统涨跌幅限制的委托价格为废单 |
| 集合竞价时间细分 + 下单规则：<br>9：15~9：20 挂单√，撤单√；<br>9：20~9：25 挂单√，撤单 ×；<br>9：25 确定开盘价；<br>9：30 开盘后，未停牌进入连续竞价阶段 |
| 沪市未停牌，有效价格申报范围：<br>交易价格申报不高于即时揭示的最低卖出价的 110% 且不低于即时揭示最高买入价的 90%；同时不高于上述最高申报价与最低申报价平均数的 130% 且不低于该平均数的 70%。<br>深市未停牌，有效价格申报范围：<br>连续匹配、盘中临时停牌、收盘集合匹配期间的有效申报价格范围为匹配成交最近成交价的上下 10%，收盘集合匹配在有效申报价格范围内进行撮合。<br>除上市首日外，有效申报价格范围与涨跌幅限制范围一致 |
| 上市首日停牌及复牌规则：<br>a. 盘中成交价格较发行价首次上涨或下跌达到或者超过 20% 的，临时停牌持续时间为 30 分钟；<br>b. 盘中成交价格较发行价首次上涨或下跌达到或者超过 30% 的，临时停牌时间持续至当日 14：57；<br>c. 临时停牌时间跨越 14：57 的，于当日 14：57 复牌。<br>区别：沪市可转债首日 14：57 复牌之后，采用连续竞价方式；深市可转债上市首日 14：57 复牌之后，采用集合竞价方式 |
| 无效申报：申报价格应符合价格涨跌幅限制及有效申报价格范围要求，否则为无效申报 |

可转债发布新规之后，较好地限制了可转债价格的泡沫化，过去沪市可转债尾盘是没有涨跌幅限制的，存在高价格现象的可能。

例如，2021年1月22日韦尔转债上市首日，其尾盘连续竞价不受涨跌幅限制，韦尔转债最高达到230元，创下转债上市首日价格最高纪录。

这一纪录直到2022年4月19日才被打破，聚合转债上市最高价达到300元，一段时间后，永吉转债再次打破纪录，上市首日最高价达到421元。

现在看来，永吉转债已经是上市首日价格的天花板了。

同样，可转债新规发布之后，新增加可转债价格异常波动信息披露机制，简称为“可转债龙虎榜”，具体如表4-4所示。

**表4-4　可转债龙虎榜规则**

| | |
|---|---|
| 新债上市首日 | 当日收盘价涨跌幅达到 ±15% 的前 5 只可转债；<br>当日价格振幅达到 30% 的前 5 只可转债 |
| 日常异常波动 | 连续 3 个交易日内日收盘价涨跌幅偏离值累计达到 ±30% |
| 日常严重异常波动 | 连续 10 个交易日内 3 次出现第二十一条规定的同向异常波动情形；<br>连续 10 个交易日内日收盘价涨跌幅偏离值累计达到 +100%（-50%）；<br>连续 30 个交易日内日收盘价涨跌幅偏离值累计达到 +200%（-70%）；<br>注：前述收盘价涨跌幅偏离值为单只可转债涨跌幅与上证转债指数涨跌幅之差 |
| 对于异常波动、严重异常波动的措施 | 要求上市公司披露可转债异常波动公告；<br>要求上市公司停牌核查并披露核查公告；<br>向市场提示异常波动可转债投资风险；<br>对可转债实施盘中强制停牌 |

## 三、新规则发布前可转债交易规则

新规则发布前，深市可转债有停盘价格与有效委托价格两种不同的交易机制，在极端情况下，懂得可转债交易规则有助于可转债的买卖。下面我们一起来了解一下。

有效价格申报范围和可转债停牌规则如表4-5所示。

**表4-5　深市可转债极端情况交易规则**

| |
|---|
| 深市可转债日常交易（代码为 12××××） |
| 当遇到极端利好时，可转债涨幅超过 30%，且连续涨停，这时就很难通过正常报价买入，有效报价机制就有了用武之地 |
| 有效报价规则：<br>第一个有效报价（9：25）是上一个收盘日的 ±10%；<br>第二个有效报价（9：30）是最近一个成交价的 ±10%；<br>第三个有效报价（10：00）是最近一个成交价的 ±10%；<br>第四个有效报价（14：57）是最近一个成交价的 ±10% |
| 停牌及复牌规则：<br>第一次停盘触发条件为上一个收盘价≥ 10%；<br>第二次停盘触发条件为上一个收盘价≥ 20%，停盘 30 分钟；<br>第三次停盘触发条件为上一个收盘价≥ 30%，停盘到 14：57；<br>14：57 ~ 15：00，先复牌集合竞价，再收盘集合竞价 |

深市可转债交易有效委托挂单是上一个成交价的±10%，而停盘价格是前一个收盘价的10%、20%、30%，这里隐含着一个交易小技巧，这里以100.005元开盘价为例进行分析，具体如表4-6所示。

**表4-6　极端涨跌幅可转债涨跌停规则**

| 以 100.005 元为例 | 停牌价格（元） | 有效委托价（元） |
|---|---|---|
| 第一次（9：25） | 90.005 ～ 110.006 | 90.005 ～ 110.006 |
| 第二次（9：30） | 80.004 ～ 120.006 | 跌停：81.005 ～ 99.006<br>涨停：99.005 ～ 121.00 |
| 第三次（10：00） | 70.004 ～ 130.007 | 跌停：72 .004 ～ 88.004<br>涨停：108.005 ～ 132 .007 |
| 案例：100.005×（1±10%）=90.005 ～ 110.006<br>结论：<br>第一次有效报价与停盘价是一样的，开盘后可转债停牌；<br>第二次有效报价是上一个价格的 ±10%，极值大于或小于停盘价；<br>第三次有效报价与停盘价一致，在 14:57 有效报价均为上一个价格的 ±10%；<br>在第二次有效报价的时候，出现了有效报价大于或小于停牌价的情况，利用交易规则可以在停牌价成交 | | |

新规则发布前，盘龙转债就发生过极端涨幅情况，在2022年4月8日上市收盘后，盘龙转债价格为157.3元，转股价值为228.66元，盘龙转债价格远低于转股价值，次日依旧有较大的涨幅空间，这时就可以用到非首日可转债交易规则，得知盘龙转债下一个交易日停盘价格如下：

第一次停盘（9：25）：157.3×110%=173.03（元）；

第二次停盘（9：30）：157.3×120%=188.76（元）；

第三次停盘（10：00）：157.3×130%=204.49（元）；

第四次停盘（14：57）：204.49×110%=224.939（元）；

第五次停盘（15：00）：224.939×110%=247.433（元）（采用四舍五入，保留三位小数）。

而有效报价最高价如下：

第一次有效最高报价（9：25）：157.3×110%=173.03（元）；

第二次有效最高报价（9：30）：173.03×110%=190.333（元）；

第三次有效最高报价（10：00）：188.76×110%=207.636（元），其中188.76元来自9：30的停盘价格。

在发生极端上涨情况下，盘龙转债在9：30报价为190.333元，该价格比停盘价格188.76元更容易买入成交，如果在188.76元以下有卖出委托单，实际买入成交价格依旧为188.76元，按照这个规则进行交易，更有可能买到便宜一些的可转债。

复盘一下2022年4月11日盘龙转债分时图，如图4-1所示。

9：25确定开盘价格为157.3×110%=173.03（元）；

9：30继续涨停到停盘，价格为157.3×120%=188.76（元）；

10：00继续涨停到停盘，理论停盘价格为157.3×130%=204.49（元），实际价格为188.86×110%=207.636（元）。

图4-1　盘龙转债分时图

数据来源：Wind；截止时间：2022年4月11日。

主要原因是出现特殊情况，低于207.636元最高有效报价没有委托卖出单，市场最终成交在207.636元，高于临时停盘价格204.49元。

以上情况还可以进一步深入，如极端情况下市场都是买单，缺乏卖单，现在有个人愿意以低于207.636元高于204.49元的价格卖出盘龙转债，最后的停盘价格会如何？

新规则发布前，因特大利空消息，华自转债也发生过极端的跌幅情况。正股华自科技跌停后，没有消化市场利空预期，利用特殊涨跌幅规则，便可趁此时机卖出可转债。

新规则发布后，虽然依然存在有效报价与停牌价的区别，但却限制了有效报价的范围，使得两者的价格趋于统一，有效报价区间等于涨跌幅限制区间。

可转债新规则发布前沪市与深市可转债操作有很大的不同，新规发布后两者慢慢趋同，这样也更便于投资者了解并掌握规则，而不需要每次遇到极端情况再回想之前的可转债交易规则。总之，市场上任何一种规则，只要学会灵活运用，就可以通过巧用规则来获得利益。

**小提示：**对于可转债基本交易规则，并不需要了解得很深入，因为了解得越深，在实际买卖操作时，可能顾虑就会越多，导致错过良机或形成误判，反而亏得越多。其实，投资有时就是在冒险，机会来了，就要当机立断，勇于抓住，不能犹豫，如此才能做到在可转债交易市场纵横捭阖，获取超额收益。

# 第五章

# 可转债的特点

可转债和股票相比有什么不同呢?

可转债交易有太多优势。首先，有转债是T+0交易规则，可以应用日内交易量化模型；其次，可转债交易费率低，单笔可转债交易成本不到股票的十分之一；最后，可转债最小交易单位相对股票来说更少，仅10张（一张等于100份）。

下面我们一起来了解一下可转债所具备的特点。

## 一、日内交易，T+0交易

T+0交易即当日买入当日可以卖出，资金到账可取，依旧是T+1日（T=today）。

T+0交易市场上主要有两种方式：手工T和量化T，其核心逻辑都是一样的，只不过前者是人工在做T，后者是程序在做T。但不管如何做T都是万变不离其宗，做对了，都有不错的回报。

T+0交易适用于大多数投资，无论是股票、债券、期货、外汇还是数字货币，只要市场存在价格波动，就可以应用交易思维获得价差收益，每个T+0交易员都有自己的一套交易技巧，按照设定的逻辑去严格执行。

在这里笔者自己设计了一套简单的日内交易逻辑：当价格超过日内均线时买入，并设定止损为0.2元，回落超过0.2元就卖出，其中下方平滑的为均线，上方波动更大的为价格线，如图5-1所示。

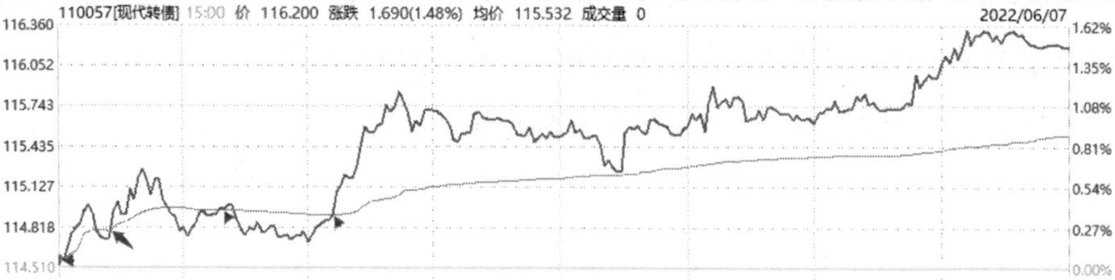


图5-1　现代转债日内价格走势

从图5-1可知，现代转债一共出现4个买点，同时产生4次交易机会。理论上最大的损失成本是0.8元，涨则可以获得更多利润，4次交易回报是2.4元，这就是一个小成本试错，对了就会有大回报的交易逻辑。

T+0交易过去多应用在衍生品交易中，但现在也有很多其他的延伸，如盘口数据的T+0交易逻辑，具体如表5-1所示。

**表5-1　某转债日内即时市场委托价格**

| 买卖价 | 价　格（元） | 委托数 |
|---|---|---|
| 卖五 | 294.220 | 4 |
| 卖四 | 294.212 | 6 |
| 卖三 | 294.100 | 1 |
| 卖二 | 294.000 | 94 |
| 卖一 | 293.720 | 497 |
| 买一 | 293.687 | 13 |
| 买二 | 293.672 | 2 |
| 买三 | 293.671 | 11 |
| 买四 | 293.100 | 6 |
| 买五 | 293.073 | 2 |

看价格分布图，发现在卖一价有大量委托单，当497笔卖出委托单快要被消化时，可以及时挂单293.721元买入，因为价格优势抢到了筹码。

往往大单被消化之后会有一个比较大的涨幅，市场向上阻力变小，价格上涨变得容易，同时可以开始挂委托单准备卖出。

**温馨提示：** 一些其他投资品种的T+0交易，在可转债交易中不太好用，可转债没有做空的方式，只能平仓；另外，可转债的相对流动性比较差，交易的滑点远大于预期。

## 二、可转债交易成本低

可转债交易成本低主要体现在两个方面：无印花税和佣金低。以实际计算来对比股票交易与可转债交易的成本差异，具体如表5-2和表5-3所示。

表5-2　股票交易成本统计

| 股票交易成本 |
|---|
| 印花税：成交金额的 1‰，向出让方单边征收（税务部门收取） |
| 规费：包括经手费（交易所收取）和证管费（证监会收取），双向收取，共 0.068 7‰ |
| 过户费：成交金额的 0.1‰，双向收取（中登公司收取） |
| 佣金：最高不超过成交金额的 3‰，最低 5 元起，单笔交易佣金不满 5 元按 5 元收取（证券公司收取）（一般券商不免 5 元，之前部分互联网渠道可以做到） |

表5-3　可转债交易成本统计

| 可转债交易成本 |
|---|
| 可转债交易有经手费、佣金，没有印花税、规费和过户费 |
| 自 2022 年 8 月 1 日起，上市公司可转换公司债券现券交易（转让）及其约定购回式债券交易经手费为按成交金额的 0.004% 双向收取，单笔最高不超过 100 元。可转债交易每家不一样，最初互联网券商没有设置最低征收额，后来大多数券商设置有最低征收 1 ~ 5 元，最低额往往直接决定交易成本 |

以沪市计算股票交易成本，如果按照0.2‰计算股票佣金的话，买卖一次股票的手续费为0.2‰（买进佣金）+0.2‰（卖出佣金）+1‰（卖出印花税）+0.337 4‰（沪市规费、过户费）=1.737 4‰，即买卖一次10万元股票交易需要付出的成本为173.74元。

而可转债交易成本，如果以十万分之五计算，买卖一次成本为0.1‰，同样买卖一次10万元可转债，需要付出的成本为10元。对比股票来说，可转债交易成本几乎可以忽略不计。

互联网券商最初没有设置最低佣金，后来大多数券商都设置了最低交易佣金。当股票和可转债设置一样的最低佣金时，其费率上根本的差别在于股票要交额外的印花税（1‰），其他的差别并不大。

在实际交易中，投资者应该把精力放在投资标的上，完全没必要在费率上斤斤计较，否则会造成本末倒置，要知道账户亏损是会远大于交易成本的，因此交易时放平心态，减少交易频率即可。

## 三、交易单位

可转债交易新规发布之后，沪深市可转债交易最小单位为10张（1张=100元面值可转债）。

**知识延伸：**抢权配售时，原股东优先配售不足1手部分，按照精确算法原则取整，精确算法不够1手的，由股数从高到低列队配售，直到配售完为止。

在沪市可转债抢权配售时，存在0.5手配售1手可转债的说法；深市配售需要0.95手配售1手可转债。

可转债交易最小计价单位为0.001元，新规发布之后沪、深两市一致；量化交易时，单位越小其交易偏离成本也就越小，在程序化、智能化交易过程中，需要特别注意单位对价格造成的影响，否则便会失之毫厘，差之千里。

末尾价格采用四舍五入方式，对于价格挂单有一定影响。例如，100.586元涨停价为（100.586×110%）=110.645（元），价格会有一个末尾进制细节，当存在程序化、智能化交易时，需特别注意价格细节。

## 四、可转债交易需特殊权限

之前，只要新开证券账户就可以进行可转债交易，但自2022年6月18日开始实施《关于可转换公司债券适当性管理相关事项的通知》后，可转债交易门槛大大提高，个人投资者参与向不特定对象发行的可转债申购、交易时，应当同时符合下列条件：

（1）申请权限开通前20个交易日证券账户及资金账户内的资产日均不低于人

民币10万元（不包括该投资者通过融资融券融入的资金和证券）；

（2）参与证券交易24个月以上。

本通知施行前已开通向不特定对象发行的可转债交易权限，且未销户的个人投资者，不适用前款规定。

注：可转债交易权限不能转签，但新开证券账户时，过去的交易经验可以和旧券商共享。

可转债价格的影响主要体现在两个方面：可转债的转股价值和转股溢价率。可转债新规虽然没有改变可转债的投资价值，但是对于现有可转债投资者的积极性和新增流动资金均有较大影响，直接影响了可转债的转股溢价率。

可转债新开账户规定对于市场流动性有较大的影响，可以毫不夸张地说是直接掐断了可转债打新用户数量，下一批可转债新开账户需要等到两年以后，很大程度上会影响可转债市场交易的积极性。

可转债交易权限限制对于存量的可转债用户是一件好事，新规发布后，可转债打新用户数量明显停止上升，一定程度来说这样会使得可转债打新中签更容易一些，过去有很多“百户侯”（指用多个账户打新可转债的投资者）中签数量也可以增加，收益也会相应增加。在2017—2021年期间，如果用100个账户打新可转债也是一份不错的收入来源。

# 第六章

# 保守型策略

我们都知道，可转债是一个“进可攻、退可守”的投资品种，因此，可以把可转债投资策略分为“攻”和“守”两个体系。

何为“守”？“守”意味着追求低风险，以不亏钱为底线来进行可转债投资操作，以尽可能获得更多收益。

“保守”型可转债投资策略主要包括打新策略、纯债YTM策略、双低策略、下修博弈策略等。

# 一、打新策略

可转债打新分为网上打新和网下打新。可以把打新比喻成一种免费的抽奖游戏，只要中奖了，或多或少都会有所收获。

过去几年网上打新热度非常高，对于大多数投资者来说几乎是稳赚，因此一部分先知先觉者也顺势加入可转债打新队伍。

网上打新可追溯到2017年9月8日，证监会正式发布修订后的《证券发行与承销管理办法》（以下简称《办法》），并于当日起开始施行，对可转债发行方式进行了调整，将资金申购改为信用申购。即参与网上申购的投资者申购时无须预缴申购资金，待确认中签之后，再按实际中签金额缴款。

《办法》施行后第一只发行的可转债是雨虹转债，参与可转债网上打新人数迅速增长到260万，相较于新规前最后一只可转债——国君转债仅有10 034户网上申购，参与网上打新的人数发生了跳跃式增长，之后继续以指数级扩增。

从那时起，笔者就认为可转债会是未来几年间最好的投资品种，就以笔名“陈心2017”在互联网上发表了一些关于投资的观点，也是从《办法》实施之后，可转债迎来了它的超级大牛市，可是当时身处其中的我们却并未感知到，现在回过头来看满眼皆是那些被错过的遗憾。

如果你在2017年9月8日发动身边10个亲友参与可转债打新，相当于增加了一份稳定的工作收入，笔者做过一个简单的数据统计，以上市日期为时间线，统计每年上市可转债首日收盘价卖出的单个账户收益、首周收盘价卖出的单个账户收益、单账户中签率，具体数据如表6-1所示。

**表6-1　可转债2017—2021年网上打新收益率统计**

| 时　间（年份） | 上市数量（只） | 单账户以首日收盘价卖出收益（元） | 单账户以首周收盘价卖出收益（元） | 单账户平均中签率（%） |
|---|---|---|---|---|
| 2017 | 23 | 5 151.15 | 5 018.26 | 21.85 |
| 2018 | 77 | −973.30 | −1 651.20 | 31.34 |
| 2019 | 106 | 5 921.12 | 6 925.37 | 11.65 |
| 2020 | 204 | 3 882.33 | 4 316.36 | 1.01 |
| 2021 | 121 | 1 646.57 | 1 796.75 | 0.84 |

注：2017 年开始由现金申购改成信用申购，现金申购对于规模有所限制，改为信用申购之后，市场单账户默认申购均为 100 万元，数据会有很大的差别。

从表6-1可知，单账户打新的收益并没有像网上宣传的那么高，个别年份有出现负值的情况，是因为2018年存在极端数值，因而对整体收益造成较大影响，如曙光转债中签率达到1 930%，如表6-2所示。

**表6-2　曙光转债中签号码列表**

| 末尾位数 | 中签号码 |
|---|---|
| 末“二”位数 | 54 |
| 末“三”位数 | 040，165，290，415，540，665，790，915，653 |
| 末“四”位数 | 2167，7167，6486 |
| 末“五”位数 | 76453，26453 |
| 末“六”位数 | 989014，739014，489014，239014 |
| 末“七”位数 | 0673583，5673583 |
| 末“八”位数 | 18452641，15605708 |

从表6-2可知，单账户保证至少可以中19签曙光转债，需要缴款1.9万元，以上市首日收盘价卖出可以赚取收益（19 000×6.36%）=1 208.4（元），单单曙光转债上市卖出收益就对2018年整体可转债网上打新收益产生较大影响。

曙光转债是获得正收益的标的，还有一些高中签率可转债上市大幅低于100元，如湖广转债、万顺转债、蓝盾转债等，笔者统计了当年单账户中签数超过10签的具体数据，如表6-3所示。

表6-3　高中签率可转债统计

| 上市日期 | 代　码 | 名　称 | 发行金额（万元） | 网上中签率（%） | 上市首日收盘价（元） | 上市首周收盘价（元） |
|---|---|---|---|---|---|---|
| 2018-08-23 | 113517.SH | 曙光转债（退市） | 112 000.00 | 1.932 4 | 106.36 | 108.50 |
| 2018-08-29 | 123012.SZ | 万顺转债 | 95 000.00 | 1.725 3 | 91.92 | 90.70 |
| 2018-09-13 | 123015.SZ | 蓝盾转债 | 53 800.00 | 1.272 3 | 96.60 | 93.52 |
| 2018-10-09 | 113518.SH | 顾家转债（退市） | 109 731.00 | 1.247 5 | 100.04 | 98.00 |
| 2018-07-31 | 110045.SH | 海澜转债 | 300 000.00 | 1.019 8 | 100.80 | 100.33 |
| 2018-08-01 | 127007.SZ | 湖广转债 | 173 359.20 | 1.012 8 | 93.16 | 93.76 |

以万顺转债为例，上市首日收盘价为91.92元，满额申购造成单账户亏损1394.07元，2018年市场行情持续低迷，可转债上市破发比比皆是，造成当年可转债网上打新的亏损局面。

不过，随着可转债投资者认知水平的不断提高，可转债价值被更多投资者发现，2018年之后可转债上市跌破面值的情况越来越少，也可以说可转债是从2018年开始进入网上打新时代的。

**知识延伸：**关于中签率计算方式如下：

中签率=发行总规模×（1-原股东认购比例）÷申购总金额×100%

当可转债仅有网上发行时，中签率计算公式为：

网上中签率=网上发行总规模×（1-原股东认购比例）÷网上申购金额×100%

其中，网上申购金额=申购户数×申购金额（一般来说，绝大多数可转债网上申购金额按照上限100万元统计）。

通过中签号码计算中签率，具体如表6-4所示。

**表6-4　冀东转债中签号码表**

| 末尾位数 | 冀东转债中签号码（部分） |
|---|---|
| 末“四”位数 | 2530 |
| 末“五”位数 | 62464 |
| 末“六”位数 | 254801，054801，454801，654801，　854801 |

从表6-4可以很容易知道单账户满额打新冀东转债中签率为11.5%，这是怎么得到的呢？

一个账户顶格申购金额为100万元，可转债打新申购单位为1 000元，所以顶格网上申购会有1 000个配号，而这1 000个配号一定覆盖了所有的三位数，因此存在末“三”位数的号码一定会中签。

由此可以简单推导内容如下：

末“三”位数——100%

末“四”位数——10%

末“五”位数——1%

末“六”位数——0.1%

末“七”位数——0.01%

从中签号码末位数的数量可以轻松推断出冀东转债的中签率为11.5%，再对比一下自己手中的中签配号，具体如图6-1所示。

图6-1　冀东转债中签配号

从图6-1可知，冀东转债的配号区间是62197~63196，可以查询中签号码表是末“四”位数2530和末“五”位数62464两个中签号码。

根据冀东转债中签配号，可以想一想同时中两签的概率会是多少？

**小提示：** 市场上有很多关于如何提高中签率的偏门技巧，但完全没有科学统计依据，要知道，中签只是一个完全随机的概率事件。

对于可转债网上打新几乎没有技术可言，相反中签之后什么时候卖出却大有学问，技巧性很强，这一点，从可转债首日卖出、首周卖出，再到首月卖出，其收益随着时间的推移相差很大就能够看出来，具体如表6-5所示。

**表6-5 中签可转债不同时间卖出收益统计**

| 时 间（年份） | 上市数量（只） | 单账户以首日收盘价卖出收益（元） | 单账户以首周收盘价卖出收益（元） | 单账户以首月收盘价卖出收益（元） | 单账户平均中签率（%） |
|---|---|---|---|---|---|
| 2018 | 77 | −973.30 | −1 651.20 | −766.78 | 31.34 |
| 2019 | 106 | 5 921.12 | 6 925.37 | 14 633.41 | 11.65 |
| 2020 | 204 | 3 882.33 | 4 316.36 | 4 681.92 | 1.01 |
| 2021 | 121 | 1 646.57 | 1 796.75 | 2 059.45 | 0.84 |

以2019年网上打新数据为例，中签可转债上市首月收盘卖出收益高于首周收盘卖出收益，且远高于首日收盘卖出收益。单账户首月收盘卖出收益是首日卖出收益的2.47倍，相当于多拿了一个月的收益，较上市首日收盘卖出收益可以增加147%。可见，从事可转债投资交易、不急不躁、心态平衡、耐得住寂寞，才是王道。

2019年网上打新中签可转债之后，不应该急于卖出而应等待一段时间再卖出。2020年、2021年也有类似的情况，首月收盘价格大于首周收盘价格，大于首日收盘价格。

由表6-5可以发现可转债市场中的这样一个现象：2018—2021年可转债上市后，其真实价值被市场严重低估，上市首月收盘价格不能够反映可转债的真实价值，未来仍有较大的增长空间，长期持有会获得远超预期的收益。

而由以上现象又引申出一个新的问题，即什么时候卖出中签可转债收益最高呢？

事实上，影响可转债上市价格的因素非常多，而不同因素对每只可转债影响权重又不一样，在数据统计端很难找到最大的影响因素，因而判断可转债最佳卖出时间比较困难。

长期持有可转债对于中签资金有不小的压力，前面提到2018年一只可转债中签金额达到万元以上，几十个账户叠加几十只可转债就需要上百万元资金，所以长期持有不是理想状态。

从实际资金压力的角度出发，在可转债交易新规发布前，中签可转债的几个卖出技巧如下：

（1）“中新卖旧”。即中签新债之后再把原来的老债卖掉，这样获得的收益比随机卖出高且资金使用效率更高。

（2）130元是一个公司和投资者的心理期望价格，因此，当可转债价格达到130元后，以超过强赎价卖出可转债。

（3）做一个有格局的可转债投资人，对于那些正股质地好的可转债，不应该急于卖出，而是应该继续持有，待时机成熟再予以卖出。

可转债交易新规未发布前中签新债卖出方式：

（1）当可转债价格超过130元，溢价率超过15%，选择卖出；

（2）当转股价值超过130元，溢价率超过5%，选择卖出。

可转债交易新规发布后，打新债卖出方式需要根据市场热度进行适当调整。

网下打新，对于个人来说有比较大的限制，但是企业证券账户（基金、资产管理公司）确实是一个红利，可以获得数倍于网上打新的收益。新规发布后，可转债发行数量越来越多，发行规模越来越大，网下打新证券账户也就越来越多，但因为网下打新知道的人相对较少、参与门槛较高，因而导致网下配售份额巨大，每次打新中签即可获得巨额收益。

例如，2018年11月12日，张行转债发行参与网下打新申购者——渤海证券公司配售3.614亿元张行转债，张行转债上市首日收盘价为102.4元，获利2.4%，赚了867.36万元。

网下向机构投资者配售可转债规定如下：

（1）发行对象：机构投资者是指依据《中华人民共和国证券投资基金法》批准设立的证券投资基金和法律法规允许申购的法人，以及符合法律法规规定的其他机构投资者。

（2）申购时间：T-1日（T日为可转债的发行首日）17：00之前。

（3）申购办法：机构投资者应以其管理的产品或自有资金参与网下申购，网下申购分为A类申购和B类申购两部分。

参与网下申购的证券投资基金管理公司、证券公司、信托投资公司、财务公司、保险机构投资者、合格境外机构投资者的申购为A类申购。上述六大类机构的子公司及其他类型机构的申购为B类申购。网下申购（包括A类申购和B类申购）的下限均为10万张（1 000万元），上限均为5 000万张（500 000万元），超过10万张（1 000 万元）的必须是10万张（1 000万元）的整数倍。

（4）每一参与网下申购的机构投资者必须在（T-1日）17：00前按时足额缴纳申购保证金，申购保证金数量为每一网下申购账户（或每个产品）50万元，未足额缴纳申购保证金的为无效申购，无效申购的保证金退还给投资者。每个产品所缴纳的申购保证金须一笔划至联席主承销商指定账户，如多笔划账，发行人及联席主承销商有权确认对应申购无效。

（5）发行的可转债不设持有期限制，投资者获得配售的可转债上市首日即可交易。

可转债网下打新对于大多数个人投资者来说是有门槛的，不仅是50万元的保证金门槛，资格审查时还需要有一笔超高的银行存款，因此关于网下打新的内容了解即可。

有一些金融机构是早期参与可转债网下打新赚到了第一桶金，之后就慢慢在可转债投资市场中沉淀下来，成为一家资产管理机构。

**小提示**：对于投资者来说，当机会来临时，我们只有勇于去抓住它，这才是我们的机会，否则便和我们没有任何关系。

## 二、纯债替代策略

当可转债价格低于纯债价值时，可以认为可转债比同评级债券更加有价值，而纯债溢价率表现为相对纯债价值的偏差。

纯债收益率（YTM）相当于把可转债当作一张债券付息的回报率。

以纯债价值和纯债YTM延伸出三个保守型策略，具体如下：

（1）高评级：纯债溢价率小于3%的可转债标的如表6–6所示。

**表6–6　高评级、低纯债溢价率可转债标的组合**

| 代　码 | 名　称 | 最新(元) | 纯债价值(元) | 纯债溢价率(%) | 纯债YTM(%) | 到期赎回价(元) | 剩余期限(年) | 债券评级 | 类　型 |
|---|---|---|---|---|---|---|---|---|---|
| 110072.SH | 广汇转债 | 93.39 | 98.96 | −5.63 | 4.93 | 110 | 4.27 | AA+ | 偏债型 |
| 113589.SH | 天创转债 | 97.20 | 97.69 | −0.50 | 4.24 | 110 | 4.12 | AA | 偏债型 |
| 127003.SZ | 海印转债 | 109.93 | 109.61 | 0.30 | 0.81 | 110 | 0.08 | AA− | 平衡型 |
| 110059.SH | 浦发转债 | 105.72 | 105.26 | 0.44 | 3.01 | 110 | 3.47 | AAA | 偏债型 |
| 113021.SH | 中信转债 | 108.73 | 107.73 | 0.93 | 2.54 | 111 | 2.82 | AAA | 偏债型 |
| 113042.SH | 上银转债 | 104.80 | 103.83 | 0.93 | 3.12 | 112 | 4.71 | AAA | 偏债型 |
| 128074.SZ | 游族转债 | 107.88 | 105.36 | 2.40 | 3.09 | 115 | 3.37 | AA | 偏债型 |
| 113037.SH | 紫银转债 | 103.00 | 100.53 | 2.46 | 2.86 | 110 | 4.20 | AA+ | 偏债型 |
| 127018.SZ | 本钢转债 | 115.49 | 112.59 | 2.58 | 2.61 | 119 | 4.14 | AAA | 偏债型 |
| 128124.SZ | 科华转债 | 95.61 | 93.01 | 2.80 | 3.45 | 106 | 4.22 | AA | 偏债型 |

数据来源：Wind；截止时间：2022年5月10日。

以纯债价值作为可转债价格的底线，从债券角度来说，可转债跌破其纯债价值是小概率事件。

短期内可转债跌破其纯债价值，大概率是机会的体现；长期可转债维持低于纯债价值状态，可能存在未被发现的风险。

以历史为鉴，在经过2021年2～3月市场极度恐慌之后，笔者得到以下启发：

以纯债价值组合（低于纯债价值的可转债组合）与转股价值组合（低于转股价值的可转债组合）相比，理论上纯债价值会有更好的防守性，但实际上可转债市场上却没有体现出这一点。因为转债价格持续杀跌造成的纯债溢价率为负值是不能够被套利的，只能等待时间来修复，到期还钱才能够获得这部分价值；而转股溢价率为负值是可以通过转股套利锁定这部分收益的。

从收益的角度来说，纯债价值组合是可以跌破债券的“底”的，而转股价值组合跌破股票的“底”则是困难的，在这次恐慌性抛售中，低溢价率策略并没有产生很大的回撤。

以上思考，在低溢价率策略卖出逻辑中也具有同样的参考价值，低溢价率策略在出现溢价率增长时，会执行卖出决策，以规避继续下跌的风险。

本书开始就提到可转债是“股票+债券”的组合投资品种，但可转债又不同于债券和股票。这说明过去我们常常用传统金融思维去定位可转债价值是有一些偏颇的，会造成许多错误，也会产生一定的亏损。（如以金字塔方式搭建可转债投资组合，底层为高评级，上层为低评级，经实践后发现，从评级角度看待可转债投资收益并不是一个好的投资方式，究其原因有很多，或许连可转债市场评级本身也需要被质疑。

**小提示：** 可转债投资是一个全新的领域，每一次可转债指数创下新高，我们都不知道顶峰会在哪里，只有不断探索，并参与历史、见证历史。

（2）纯债YTM处于3%～6%区间的可转债投资标的，叠加信用评级排列，具体如表6-7所示。

**表6-7　纯债YTM处于3%～6%区间并叠加信用评级统计**

| 代　码 | 名　称 | 最新（元） | 纯债价值（元） | 纯债溢价率（%） | 纯债YTM（%） | 到期赎回价（元） | 剩余期限（年） | 债券评级 |
|---|---|---|---|---|---|---|---|---|
| 113595.SH | 花王转债 | 109.07 | 105.70 | 3.19 | 3.34 | 119 | 4.20 | BBB– |
| 128100.SZ | 搜特转债 | 95.21 | 51.93 | 83.36 | 5.45 | 112 | 3.84 | BB |
| 128085.SZ | 鸿达转债 | 110.11 | 49.46 | 122.61 | 3.38 | 118 | 3.60 | B |
| 113042.SH | 上银转债 | 104.80 | 103.83 | 0.93 | 3.12 | 112 | 4.71 | AAA |
| 110059.SH | 浦发转债 | 105.72 | 105.26 | 0.44 | 3.01 | 110 | 3.47 | AAA |
| 110072.SH | 广汇转债 | 93.39 | 98.96 | –5.63 | 4.93 | 110 | 4.27 | AA+ |
| 128063.SZ | 未来转债 | 111.35 | 107.04 | 4.03 | 4.47 | 120 | 2.90 | AA– |
| 128138.SZ | 侨银转债 | 112.31 | 102.76 | 9.29 | 4.43 | 130 | 4.52 | AA– |
| 123049.SZ | 维尔转债 | 105.15 | 97.28 | 8.09 | 4.27 | 118 | 3.93 | AA– |
| 113569.SH | 科达转债 | 102.31 | 94.70 | 8.03 | 4.22 | 115 | 3.83 | AA– |
| 113578.SH | 全筑转债 | 101.32 | 92.12 | 9.98 | 3.85 | 113 | 3.95 | AA– |
| 123096.SZ | 思创转债 | 106.00 | 92.10 | 15.09 | 3.38 | 118 | 4.72 | AA– |
| 123056.SZ | 雪榕转债 | 105.66 | 93.83 | 12.60 | 3.36 | 115 | 4.12 | AA– |
| 127034.SZ | 绿茵转债 | 101.91 | 86.84 | 17.35 | 3.16 | 113 | 4.97 | AA– |
| 123076.SZ | 强力转债 | 103.22 | 89.15 | 15.78 | 3.08 | 113 | 4.53 | AA– |
| 127053.SZ | 豪美转债 | 104.67 | 86.11 | 21.55 | 3.07 | 118 | 5.71 | AA– |
| 113589.SH | 天创转债 | 97.20 | 97.69 | –0.50 | 4.24 | 110 | 4.12 | AA |
| 128124.SZ | 科华转债 | 95.61 | 93.01 | 2.80 | 3.45 | 106 | 4.22 | AA |
| 128074.SZ | 游族转债 | 107.88 | 105.36 | 2.40 | 3.09 | 115 | 3.37 | AA |
| 128114.SZ | 正邦转债 | 102.00 | 97.77 | 4.33 | 3.01 | 110 | 4.10 | AA |
| 123126.SZ | 瑞丰转债 | 110.03 | 83.66 | 31.52 | 3.22 | 120 | 5.34 | A+ |
| 123624.SH | 正川转债 | 104.74 | 80.40 | 30.27 | 3.03 | 115 | 4.97 | A+ |
| 113596.SH | 城地转债 | 95.68 | 74.18 | 28.98 | 4.14 | 108 | 4.22 | A |

数据来源：Wind；截止时间：2022 年 5 月 10 日。

我们知道，影响可转债纯债价值的因素有期限、评级、付息等，对比“纯债溢价率小于3%的可转债标的”策略两者有一些标的重复，主要差异在评级不同影响了债券的贴现率，距离到期时间不一样也会影响债券的价值。

纯债YTM是从债券收益率角度考虑，从表6-7可知：鸿达转债价格为110.11元，纯债价值为49.46元，纯债YTM为3.38%，评级为B；思创转债价格为106元，纯债价值为92.10元，纯债YTM为3.38%，评级为AA-。

可以发现，鸿达转债和思创转债两者有一样的纯债YTM，表示两者的回报率是一样的，从风险的角度来看，思创转债是一个更稳妥的选择。

（3）纯债YTM超过6%的可转债投资品种，以高收益债的思路配置，此类可转债可能发生下修，有额外收益的可能。

截至2022年5月10日，仅有亚药转债纯债YTM大于6%，其评级为B级，纯债价值为56.53%，到期赎回价为115元，剩余期限为2.90年。

从债券收益角度来看，亚药转债是一只高收益转债，但从实际投资角度来看，亚药转债可能存在一定程度的违约风险，因而市场才会给予这么低的价格。

以纯债YTM超过6%为筛选条件，在当下可转债市场筛选是存在一定问题的，但这并不是策略本身的问题，原因在于，可转债价格的高估造成债券保守型策略失效，可转债市场整体没有保守型标的可供选择。

从资产配置的角度来说，评级高、风险低的纯债价值标的作为底层资产搭配，中部选择纯债YTM为0～6%的可转债标的，塔尖选择纯债YTM大于6%的可转债标的，组成一个稳固金字塔可转债策略结构，已经有些不适用于今天的可转债市场了，但在过去确实有过不错的表现。

例如，在介绍纯债YTM时是以2021年8月28日为时间节点，以纯债YTM大于3%的条件去筛选可转债，得到一个不低于3%年化收益率的组合，具体如表6-8所示。

**表6-8　纯债YTM不低于3%的可转债统计列表**

| 名　称 | 最新(元) | 剩余期限(年) | 纯债YTM(%) | 转股价值(元) | 转股溢价率(%) | 到期赎回价(元) |
|---|---|---|---|---|---|---|
| 大秦转债 | 101.23 | 4.61 | 3.04 | 64.52 | 56.89 | 111 |
| 广汇转债 | 98.46 | 4.97 | 3.09 | 72.20 | 38.26 | 110 |
| 上银转债 | 102.99 | 5.41 | 3.10 | 67.83 | 51.84 | 112 |
| 浦发转债 | 103.96 | 4.17 | 3.10 | 65.64 | 58.38 | 110 |
| 湖广转债 | 102.12 | 2.83 | 3.13 | 65.23 | 56.55 | 108 |
| 搜特转债 | 101.70 | 4.54 | 3.18 | 93.83 | 8.39 | 112 |
| 建工转债 | 104.91 | 4.31 | 3.21 | 75.28 | 39.37 | 113 |
| 交建转债 | 100.04 | 5.05 | 3.27 | 59.26 | 68.82 | 112 |
| 塞力转债 | 102.85 | 4.98 | 3.35 | 67.31 | 52.79 | 115 |
| 纵横转债 | 106.70 | 4.64 | 3.41 | 56.60 | 8.51 | 118 |
| 海印转债 | 107.12 | 0.78 | 3.44 | 69.57 | 53.98 | 110 |
| 天创转债 | 97.65 | 4.82 | 3.50 | 46.46 | 110.18 | 110 |
| 久其转债 | 102.99 | 1.78 | 3.53 | 68.15 | 51.12 | 108 |
| 清水转债 | 106.27 | 3.81 | 3.56 | 75.34 | 41.05 | 115 |
| 道恩转债 | 103.94 | 4.84 | 3.62 | 51.82 | 100.57 | 118 |
| 城地转债 | 94.15 | 4.92 | 3.88 | 35.82 | 162.84 | 108 |
| 吉视转债 | 99.67 | 2.33 | 3.89 | 61.02 | 63.35 | 106 |
| 贵广转债 | 103.07 | 3.52 | 3.93 | 57.05 | 80.66 | 113 |
| 长久转债 | 105.54 | 3.19 | 3.99 | 63.22 | 66.93 | 115 |
| 岭南转债 | 98.29 | 2.96 | 4.03 | 48.22 | 103.82 | 107 |
| 科达转债 | 99.92 | 4.53 | 4.28 | 45.00 | 122.04 | 115 |
| 文科转债 | 98.08 | 4.98 | 4.36 | 83.20 | 17.88 | 115 |
| 侨银转债 | 108.35 | 5.22 | 4.62 | 62.93 | 72.18 | 130 |
| 起步转债 | 96.09 | 4.62 | 5.31 | 46.35 | 107.31 | 115 |
| 花王转债 | 94.20 | 4.90 | 7.20 | 47.11 | 89.81 | 119 |
| 亚药转债 | 85.54 | 3.59 | 9.90 | 25.35 | 237.40 | 115 |

数据来源：Wind；截止时间：2021年8月28日。

从表6-8可以看出，一共有26只可转债的纯债YTM大于3%，其中最大值亚药转债为9.9%，最小值大秦转债为3.04%。这26只可转债的纯债YTM的平均值是4.04%，可见，把它们组合在一起很容易达到3%的收益率预期。

2021年10月7日，再次以纯债YTM大于3%的条件去选择可转债，具体如表6-9所示。

表6-9　纯债YTM大于3%的可转债统计列表

| 名　　称 | 最新（元） | 纯债YTM（%） | 剩余期限（年） | 债券评级 | 正股名称 |
|---|---|---|---|---|---|
| 汉得转债 | 107.75 | 3.07 | 5.13 | AA | 汉得信息 |
| 瀛通转债 | 105.67 | 3.09 | 4.73 | AA- | 瀛通通讯 |
| 道恩转债 | 105.94 | 3.27 | 4.73 | AA- | 道恩股份 |
| 侨银转债 | 109.22 | 4.54 | 5.10 | AA- | 侨银环保 |
| 文科转债 | 98.77 | 4.30 | 4.87 | AA- | 文科园林 |
| 岭南转债 | 99.25 | 3.81 | 2.85 | AA- | 岭南股份 |
| 久其转债 | 103.11 | 3.66 | 1.67 | A+ | 久其软件 |
| 亚药转债 | 90.92 | 8.23 | 3.48 | BB | 亚太药业 |
| 华森转债 | 106.75 | 3.08 | 3.71 | AA- | 华森制药 |
| 亚太转债 | 104.40 | 3.26 | 3.53 | AA- | 郑中设计 |
| 长久转债 | 106.28 | 3.88 | 3.08 | AA | 长久物流 |
| 科达转债 | 101.73 | 3.94 | 4.42 | AA- | 苏州科达 |
| 浦发转债 | 104.50 | 3.04 | 4.06 | AAA | 浦发银行 |
| 建工转债 | 105.88 | 3.05 | 4.20 | AA+ | 重庆建工 |
| 贵广转债 | 104.74 | 3.54 | 3.41 | AA+ | 贵广网络 |
| 吉视转债 | 101.25 | 3.32 | 2.22 | AA+ | 吉视传媒 |
| 纵横转债 | 105.90 | 3.66 | 4.53 | A+ | 纵横通信 |
| 雪榕转债 | 104.81 | 3.09 | 4.71 | AA- | 雪榕生物 |
| 花王转债 | 90.72 | 7.02 | 4.79 | BBB+ | ST 花王 |
| 城地转债 | 93.96 | 4.00 | 4.81 | AA- | 城地香江 |
| 塞力转债 | 104.48 | 3.08 | 4.87 | AA- | 塞力医疗 |
| 天创转债 | 96.89 | 3.74 | 4.71 | AA | 天创时尚 |
| 全筑转债 | 98.99 | 4.00 | 4.53 | AA | 全筑股份 |
| 起步转债 | 95.57 | 5.55 | 4.51 | A | ST 起步 |
| 正川转债 | 103.45 | 3.01 | 5.56 | A+ | 正川股份 |

数据来源：Wind；截止时间：2021 年 10 月 7 日。

从表6-9可以看出，一共有25只可转债的纯债YTM大于3%，其中最大的是亚药转债，为8.23%；最小的是正川转债，为3.01%。这25只可转债的纯债YTM的平均值是3.93%，把它们组合在一起，获得超过3%的年化收益率也是一个大概率事件。

当然，获得3%的收益率并不能满足投资者的收益率预期，投资者愿意承受更高的风险换得更高的回报，因此会不断地优化投资组合，以追求高的性价比。如投资时间越长，不确定性就越强，获得的收益可能就越高；再者，评级越高的企业，其违约的风险就越低，但所获得的收益可能就低一些。以债券评级作为筛选条件获得新的可转债投资组合标的，具体如表6-10所示。

**表6-10　以债券评级为条件筛选可转债投资组合标的**

| 名　称 | 最新(元) | 纯债YTM(%) | 剩余期限(年) | 转股起始日 | 债券评级 | 正股名称 |
|---|---|---|---|---|---|---|
| 汉得转债 | 107.75 | 3.07 | 5.13 | 2021-05-27 | AA | 汉得信息 |
| 吉视转债 | 101.25 | 3.32 | 2.22 | 2018-07-02 | AA+ | 吉视传媒 |
| 贵广转债 | 104.74 | 3.54 | 3.41 | 2019-09-11 | AA+ | 贵广网络 |
| 建工转债 | 105.88 | 3.05 | 4.20 | 2020-06-29 | AA+ | 重庆建工 |
| 浦发转债 | 104.5 | 3.04 | 4.06 | 2020-05-06 | AAA | 浦发银行 |
| 天创转债 | 96.89 | 3.74 | 4.71 | 2021-01-04 | AA | 天创时尚 |
| 全筑转债 | 98.99 | 4.00 | 4.53 | 2020-10-26 | AA | 全筑股份 |
| 长久转债 | 106.28 | 3.88 | 3.08 | 2019-05-13 | AA | 长久物流 |

数据来源：Wind；截止时间：2021年10月7日。

从表6-10可知，浦发转债的信用评级为AAA，其违约概率极低，年化收益率是最低值，为3.04%；而浦发银行一年期定存收益率为1.75%，5年期定存收益率为2.8%，显然，选择买浦发转债比在浦发银行存钱能获得更高的收益。

吉视转债，其年化收益率为3.32%，是一个不错的收益型债券，距离到期赎回时间仅有2.22年，公司如果不想还钱，下修之后可以获得更高的收益率。同样，贵广转债也面临类似的情况，有一定下修博弈的机会。

**小提示：**纯债替代策略是一个非常容易理解和操作的策略，最大的难点在于坚持，不为市场的各类消息和走势的变化所动，就已经成功了一半。

无论是从债券角度还是股票角度来说，以上标的均有不错的投资价值，组合在一起之后，只要操作得当，一般都会有不错的收益。

## 三、双低策略

在讲解可转债双低策略之前，我们需要弄明白这四个问题：双低策略是什么？如何应用双低策略？双低策略可能存在哪些问题？双低策略的优化思路有哪些？

衡量可转债价值的指标有两个，即价格和溢价率。可转债的价格随着转股价值的变化而变化，当可转债价格大于转股价值，可转债表现为转股溢价率泡沫化；当可转债价格小于转股价值，可转债表现为存在可套利空间。

可转债转股溢价率=（可转债价格÷转股价值−1）×100%

=[可转债价格÷（正股价÷转股价）×100−1]×100%

其中，可转债的转股价值是由股票的价格决定的，转股溢价率是由可转债的价格决定的，双低策略本质就是在寻找可转债价格和转股溢价率的相对性价比，与可转债的转股价值关系不大。

**小提示**：可转债的转股价值高低是由相对应的股票估值决定的，可转债价格相对性价比是由转股溢价率决定的。换一个角度来说，通过转股溢价率就可以选择性价比高的可转债。

综上，可转债价格+转股溢价率×100，计算得到双低值，以该双低值从小到大进行排名得到双低可转债列表。

需要明白的是，可转债价格涨跌具有不对称性，越接近面值、纯债价值，可转债往下空间越小，也就意味着可转债价格越低，其安全性就越强；转股溢价率是可转债价格相对转股价值的偏离，溢价率越低意味着可转债股性越强。

双低策略是相对安全空间下，在可转债市场进行性价比选择的过程。追求市场的动态性价比，双低值是可以随市场的变化而涨跌的。

在第二章，我们介绍过以价格为横坐标、溢价率为纵坐标的四象限图，根据此图，能够清楚地理解双低策略。

四象限图几乎覆盖了所有的可转债，经过对比观察可以知道，以“低价+低溢价率”为代表的第三象限最具性价比，能够以较低的价格买到转股溢价率相对低的可转债，此时拉长周期，将能够获得超过市场预期的收益。

从实际应用角度来看，“双低策略”即买入价格低、溢价率低的可转债。通过“价格+转股溢价率×100”计算可转债双低数值，然后将可转债按照双低数值从小到大的顺序进行排列。常见的双低值使用方式有筛选、持有和轮动。

（1）以2021年7月6日作为时间节点，采用双低值筛选法选择排名靠前的可转债进行长期投资，以期获得溢价率增长与正股上涨的双重收益。采用双低值筛选法选择的5只排名靠前的可转债如表6-11所示。

**表6-11　采用双低值筛选法选出的5只排名靠前的可转债**

| 转债名称 | 现　　价（元） | 转股价值（元） | 转股溢价率（%） | 双 低 值（元） |
|---|---|---|---|---|
| 洪涛转债 | 107.37 | 107.76 | −0.36 | 107.01 |
| 文科转债 | 97.94 | 88.73 | 10.38 | 108.32 |
| 孚日转债 | 103.07 | 97.11 | 6.13 | 109.20 |
| 鸿达转债 | 105.12 | 99.74 | 5.38 | 110.50 |
| 靖远转债 | 100.13 | 90.09 | 11.14 | 111.79 |

数据来源：Wind；截止时间：2021 年 7 月 6 日。

（2）设定固定值的双低买入。当双低值低于130元时选择买入一单位份额“摊大饼”，或者叠加网格。

该方式是在双低值选债方式下做了一个延伸，该方式有一个天然的优势，即双低值波动有助于市场进行动态管理，如此当市场被低估时会出现大量的双低值可转债供投资者参考买入。

该方式灵活运用了双低数值，但之前用的人比较少，原因在于当双低值低于130元时，符合的可转债数量太多，需要“摊大饼”的资金非常多，而未来的收益却是不确定的，这难免让投资者担忧，且该方法一直不被市场主流推荐。

其实，可以对该方式进行进一步优化，双低值方式仅帮助投资者判断买入，对于卖出的设计则是模糊的，因此可以优化成当双低值低于到期赎回价时买入，高于130元时卖出；或者当双低值低于130元时买入，待出现强赎风险时卖出。

（3）可以利用双低策略的组合轮动特性，筛选出排名靠前的20只可转债（根据资金规模大小可选择10只或30只），然后隔一个固定时间段（一天、一周或一个月）进行轮动转换一次，符合双低值排名规则的就继续持有，否则就卖出。

要知道，双低值排名轮动方式是市场主流的双低策略使用方式，延伸出来的相关轮动方式多是在该方式的基础上进行优化，如加入一些选股因子、反转因子等进行筛选，因为不同因子采用的参数不一样，导致同一套策略也会有很大的收益率差。最简单、直接的方式就是用数值计算，取排名靠前的20只可转债做一个双低组合。以洪涛转债为例：

洪涛转债的双低值=107.37+（−0.36）=107.01

从计算结果可以看出，洪涛转债的双低数值是排名较为靠前的，因此把其选进双低可转债组合里。

其实，许多网站都有提供双低数值排名列表，如集思录、宁稳网等，三方软件的如同花顺、大智慧、通达信、Wind等。

以Wind金融数据终端为例：

Wind债券类可转债分析双低排名如表6-12所示。

表6-12　双低排名靠前的可转债

| 代　码 | 名　称 | 最　新（元） | 转股价值（元） | 剩余期限（年） | 债券余额(亿元) | 双低值（元） |
|---|---|---|---|---|---|---|
| 128013 | 洪涛转债 | 107.37 | 107.76 | 1.06 | 11.53 | 107.01 |
| 128127 | 文科转债 | 97.94 | 88.73 | 5.12 | 9.50 | 108.32 |
| 128087 | 孚日转债 | 103.07 | 97.11 | 4.45 | 6.50 | 109.20 |
| 128085 | 鸿达转债 | 105.12 | 99.74 | 4.45 | 7.78 | 110.50 |
| 127027 | 靖远转债 | 100.13 | 90.09 | 5.43 | 28.00 | 111.27 |
| 113033 | 利群转债 | 99.91 | 89.30 | 4.74 | 18.00 | 111.79 |
| 110080 | 东湖转债 | 105.22 | 96.20 | 5.77 | 15.50 | 114.60 |
| 128130 | 景兴转债 | 111.51 | 107.35 | 5.15 | 10.65 | 115.38 |
| 110071 | 湖盐转债 | 106.72 | 98.01 | 5.01 | 7.20 | 115.61 |
| 128081 | 海亮转债 | 111.73 | 107.22 | 4.38 | 30.06 | 115.93 |
| 127018 | 本钢转债 | 98.65 | 84.10 | 4.98 | 67.51 | 115.96 |
| 113610 | 灵康转债 | 111.31 | 106.04 | 5.41 | 5.25 | 116.28 |
| 110072 | 广汇转债 | 90.48 | 71.71 | 5.12 | 33.69 | 116.65 |
| 123086 | 海兰转债 | 109.10 | 101.29 | 5.43 | 7.29 | 116.81 |
| 127028 | 英特转债 | 107.27 | 97.84 | 5.50 | 6.00 | 116.91 |
| 128107 | 交科转债 | 108.22 | 99.44 | 4.79 | 25.00 | 117.05 |

数据来源：Wind；截止时间：2021 年 7 月 6 日。

Wind金融端数据优势在于可以提供很多数据要素，投资者可根据个人投资偏好组合可转债要素表，数据可编辑、可导出。当然，集思录同样也可以做数据筛选并进行双低策略标的选择。每次轮动筛选之后把符合双低数值的可转债导出来，进行组合保存，到了固定时间再进行调整。

（4）双低组合的差值轮动。前面提到的通过双低值筛选可转债进行固定时间轮动的方式，在短时间内（日内、每日）会出现一个问题，即第19只、第20只、第21只可转债会有频繁的排位变动，进而引发一些无效交易。

差值轮动巧妙地解决了这个问题，即当第21只双低转债其双低数值低于第20只可转债，但两者之间差值需要超过一定数值才能够触发轮动，这样就能有效减少无效交易的问题。

无论是双低值筛选方式还是持有或轮动方式，其核心思想都是选择性价比较高的可转债。其中，可转债轮动周期对于收益会造成很大的影响，如何轮动能够获得最佳的收益，市场一直存在争议，到目前仍没有一个完美的解决方式。

笔者认为，集思录可转债平均双低指数是可以跑赢可转债等权指数的，平均双低指数一直处于整个可转债市场风险较低的位置，无论轮动与否，使用双低数值筛选得到的可转债组合在市场上都具有较高的性价比，持有后获利概率极大。

对于大多数投资者来说，轮动是有难度的，当所持有的双低组合里个别可转债已经不再是双低，即使亏损也应该毫不犹豫地卖出，再去选择更低双低数值的可转债。因此，这里需要克服人性的弱点，但大多数投资者很难做到。

可转债是一个依附于股票但不同于股票的投资品种，在可转债市场一直存在着“烂股好债”的现象，即股票走势很差，但是其可转债却表现很好。例如表6-12中的湖盐转债，其正股雪天盐业几乎没什么增长性可言，但其在可转债市场却表现不俗。

那么，通过双低值策略所选择的可转债组合后面的收益如何呢？来看下面这个应用案例。

以2021年7月6日为时间节点，通过双低数值对市场可转债做一个排名，增加一些选股因子得到10只可转债，做成双低组合，具体如表6-13所示。

**表6-13　双低组合可转债**

| 代　码 | 名　称 | 最　新（元） | 转股价值（元） | 转股溢价率（%） | 双　低（元） |
|---|---|---|---|---|---|
| 128130.SZ | 景兴转债 | 111.50 | 106.76 | 4.44 | 115.94 |
| 128087.SZ | 孚日转债 | 103.20 | 96.89 | 6.51 | 109.71 |
| 128085.SZ | 鸿达转债 | 105.18 | 98.72 | 6.54 | 111.72 |
| 128081.SZ | 海印转债 | 111.67 | 106.09 | 5.26 | 116.93 |
| 128013.SZ | 洪涛转债 | 107.55 | 107.33 | 0.21 | 107.76 |
| 127028.SZ | 英特转债 | 107.36 | 97.61 | 9.99 | 117.35 |
| 123097.SZ | 美力转债 | 116.55 | 114.56 | 1.74 | 118.29 |

续表

| 代　码 | 名　称 | 最　新（元） | 转股价值（元） | 转股溢价率(%) | 双　低（元） |
|---|---|---|---|---|---|
| 123086.SZ | 海兰转债 | 109.33 | 100.55 | 8.73 | 118.06 |
| 113610.SH | 灵康转债 | 110.80 | 104.07 | 6.47 | 117.27 |
| 110071.SH | 湖盐转债 | 107.11 | 98.47 | 8.78 | 115.89 |

数据来源：Wind；截止时间：2021 年 7 月 6 日。

之后以2021年9月25日为时间节点，再次统计一下前面双低数值所选标的的收益率，得到平均值为15.22%，具体如表6-14所示。

**表6-14　双低组合可转债平均收益率**

| 名　称 | 7月6日 | 9月23日 | 收益率（%） |
|---|---|---|---|
| 景兴转债 | 111.50 | 132.15 | 18.52 |
| 孚日转债 | 103.20 | 106.06 | 2.69 |
| 鸿达转债 | 105.18 | 156.55 | 48.84 |
| 海印转债 | 111.67 | 127.80 | 14.46 |
| 洪涛转债 | 107.55 | 113.23 | 5.28 |
| 英特转债 | 107.36 | 108.00 | 0.59 |
| 美力转债 | 116.55 | 119.20 | 2.27 |
| 海兰转债 | 109.33 | 144.00 | 31.71 |
| 灵康转债 | 110.80 | 112.44 | 1.48 |
| 湖盐转债 | 107.11 | 135.34 | 26.36 |
| 平均值 | 109.03 | 125.48 | 15.22 |

与集思录双低指数来做一个对比，2021年7月6日集思录平均双低指数为153.36，到9月23日平均双低指数为173.67，其间涨幅为13.24%，可以发现通过增加一些选股因子，对于双低可转债组合收益是有增强效果的。

双低策略对于可转债投资来说助力明显，能够让投资者获利的概率大为增加，但是其也存在几个问题，具体如下：

（1）首先，双低策略很难享受优秀转债大幅增长的红利，一部分可转债受其自身行业属性所限，未来强赎是大概率事件，但双低策略一开始就把这类转债剔除在外了。

其次，双低策略确实可以获得双低数值区间的收益，但是很难获得超过区间值的收益，即使该标的有非常高的确定性，但往往这类可转债超过双低数值筛选区间后增长的红利才刚刚开始。这种情况特别容易发生在半导体、科技、消费、大金融板块等高增长行业，这类转债具有较高的确定性，且未来大概率会达到强赎价，但双低数值策略却无法识别这些可转债，因此对投资者来说是个遗憾和损失。

使用双低策略赚取的收益只是可转债增长过程中很小的一部分，双低组合中的可转债价格较低、下跌的风险相对较小，但也失去了可转债的高增长性。

（2）陷入“周期性”怪圈。可以把双低策略比喻成固定指标的渔网，放在可转债大水池里，等待鱼游进来，因此它是一个被动的策略。

一直以来，双低策略排名靠前的可转债大多具有周期性、盈利能力差、增速慢等特点，如公共事业、园林环保、纺织服装、建筑设计等行业。因为这类公司本身的特性造成市场对它们的印象差，反映在可转债身上为价格低、溢价率低，恰好与可转债的双低策略不谋而合，成为双低策略的“宠儿”。

**小提示：** 以量化不变的指标数据筛选动态市场，大多会出现标的限定范围的现象。好比去菜市场买菜，便宜、健康、量多，最后筛选出“韭菜”的概率很大。“韭菜”指投资易亏损人群。

（3）双低策略无论是否采用轮动，对于卖出标准的考虑都是模糊的。

如果不采用轮动方式进行卖出操作，那么可以采用限定130元强赎价为卖出临界点的方式进行强行卖出，但固定的价格相对于变化的可转债市场会显得生硬。

如果采用轮动的方式，对通过双低数值排名的前20只可转债进行配置，不断进行轮动，会有很大一部分收益来自市场溢价的提高，这意味着过去能够找到100元以下双低数值的可转债，之后可能连低于130元双低数值的可转债都越来越少。从这一点来看，似乎双低策略慢慢已不再适应可转债市场发展的规律了。

对于可转债双低策略所面临的缺点，是没有好的办法弥补的，任何方法都是治标不治本，因为这是双低策略存在的一个缺陷。同时，投资者也应该明白，市场上没有十全十美的策略，以不变的方式去应对变化的市场难免有点捉襟见肘，投资者应学会灵活变通、见微知著，方能在可转债投资市场上"活"得更长久。

双低策略优化的方法如下:

## 1. 加入一些常见的选股因子

（1）选择数值口径放大，增加更多可选标的，如将前20名增加到前30名，原先20%分位提高到30%分位等。

（2）加入选股因子，对其标的池进行筛选，如过去三年净资产收益率平均值为10%<ROE<26%，市净率过去三年平均值为1<PB<1.8。

（3）结合可转债的存在周期为6年，选股因子的数据统计选用过去三年的来增加可转债组合的进攻性，同时淘汰正股本身盈利能力差的可转债，等于剔除了不能够下修的可转债，以保持整个双低组合的综合性价比。

（4）对于PE/PB band有了解的朋友，会明白加入估值分位是一个非常不错的选择，可以直接剔除正股估值超过60%分位的正股标的。

## 2. 技术分析

根据相关数据对可转债进行技术分析，总结为四个字——量、价、时、空。

（1）成交量。可转债本身为T+0交易，该指标的实际参考意义不大，从正股角度看换手率，是一个更好的替代选择。

（2）价格。结合前面可转债的基础讲解，与纯债价值、面值（100元）、强赎价（130元）、公告强赎平均价（过去160+元，随市场变化）等重要价格线结合。

（3）时间。可转债发行一般为6年，上市之后6个月可以进行转股、一般到第4年进入回售期等。

（4）空间。其对应的指标是波动。

“风险都是涨出来的，机会都是跌出来”。之前涨得多的股票，未来上涨的空间也就越小，往往过去有过辉煌的可转债，后面波动越大。发行时看看过去正股波动的空间，之前跌得多的股票其表现在可转债上走势反而更好。

综上，笔者认为，双低策略虽然有各种小缺点，但这些缺点并不会影响双低策略跑赢大多数股票指数，因此有一些瑕疵是可以接受的。

再者，使用双低策略选择可转债对行业有天然的偏好，但只要是出现可转债非理性定价，依然可以被双低策略的大网“捉住”，对于低风险偏好的投资者，只要严格执行双低策略，是可以轻松跑赢股票指数的。

## 四、下修博弈策略

以精研转债为例，公司股票在任意连续30个交易日中至少15个交易日的收盘价格不低于当期转股价格的85%（含85%）时，董事会有权提出转股价格向下修正方案，并提交股东大会表决。

下修条款是可转债投资的“隐秘利器”，是使得可转债在下跌过程中具有保护性的重要原因。以精研转债下修为例，来看一下可转债下修博弈的实用技巧。

2021年9月22日董事会提议下修的精研转债，下修之后次日价格上涨了5.13%，如图6-2所示。

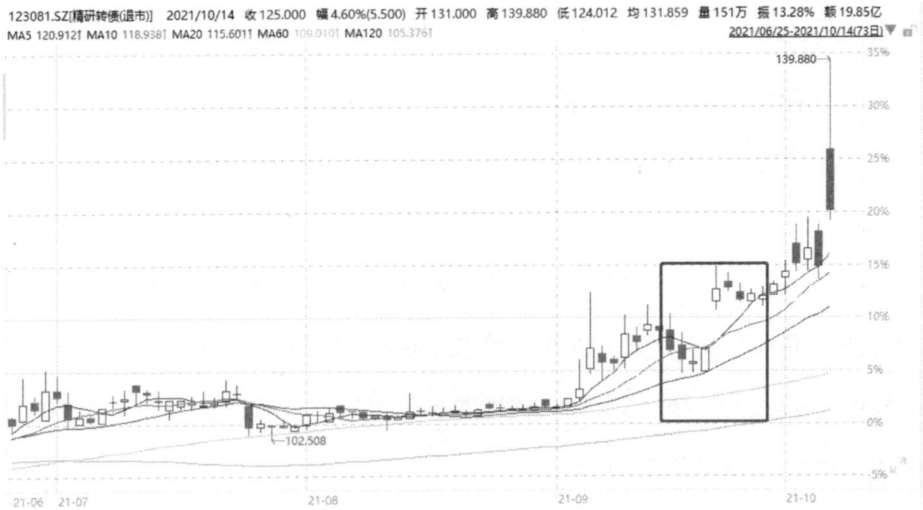


图6-2　精研转债提议下修后价格走势

数据来源：Wind；截止时间：2022年5月13日。

多数的可转债一旦发生下修，价格便会突飞猛进，给“埋伏”在可转债下修博弈的投资者带来不错的收益，这也是很多可转债投资者喜欢买入低价、高溢价率可转债博弈下修的原因。

可转债下修的过程，主要分为三个部分：

（1）通过筛选数据得到满足下修的可转债标的。大多数网站都提供可转债下修条款，如宁稳网、集思录等。但因每个可转债下修条件不一样，因此切不可机械化记忆。

每一个可转债达到下修的条件不一样，所以参与下修博弈时需要具体问题具体分析。总的来说，需要考虑以下三点。

① 大部分可转债向下修正的转股价不得低于每股净资产。需要特别注意，不

能下修的可转债主要为国企转债、银行类转债等，但无法下修的可转债会在支付利息时给予更多的补偿。

部分可转债没有规定每股净资产限制，转股价可以低于每股净资产，如湖广转债、贵燃转债。

② 大股东持有可转债，不能参与下修股东会的表决。

③ 下修是公司的权利而非义务，达到下修标准之后是否下修完全取决于公司的意愿。

在达到可转债的下修条件中，有一种特殊情况，即当公司发生注册资本减少，债权人有权要求公司清偿债务（《中华人民共和国公司法》第一百七十七条，以下简称《公司法》），此时很多可转债投资者会以清偿可转债对公司造成较大的资金压力为由，与公司商议下修事宜。

笔者对达到下修标准的可转债进行数据统计，发现截至2022年5月13日，可转债市场一共有401只可转债，其中有209只可转债符合下修标准。这表明市场一直存在大量的可转债可以下修，埋伏潜在下修的可转债是一种可以持续的投资方式。

单看埋伏可转债下修成功是有不错的收益，但从组合的角度来说，在众多能够下修的可转债中选择有意愿下修的可转债本身就是一件困难的事情，埋伏10只可转债潜在下修标的，其中有一个公告下修获得10%的收益率，但是对于整个组合的净值增长只有1%，加之埋伏下修持有时间长，可能也无法跑赢可转债等权指数，因此埋伏下修并不是一个好策略。

（2）董事会提议下修，是一个短期的投机机会。董事会提议向下修正转股价格，次日可转债往往会高开，判断是否可以参与投资，关键要看可转债的对比分析定价。以搜特转债为例，2021年7月30日收盘公告提议下修后，当时搜特转债价格为78.22元，转股溢价率为40.89%。假设未来的搜特转债是完全下修的，对应的转股价值接近100元，以转股价值为定价基准对搜特转债进行对比分析，如表6-15所示。

**表6-15　搜特转债历史转股价值数据**

| 日　期 | 收盘价（元） | 纯债 YTM（%） | 转股价值（元） | 纯债价值（元） | 转股溢价率（%） | 纯债溢价率（%） |
|---|---|---|---|---|---|---|
| 2021-09-22 | 104.99 | 2.48 | 100.62 | 74.04 | 4.35 | 41.79 |
| 2021-09-17 | 105.89 | 2.28 | 100.00 | 73.86 | 5.89 | 43.36 |
| 2021-12-02 | 109.00 | 1.69 | 99.38 | 75.88 | 9.68 | 43.65 |
| 2022-03-02 | 122.60 | -1.20 | 98.77 | 50.24 | 24.13 | 144.04 |
| 2022-01-21 | 111.50 | 1.17 | 98.77 | 77.85 | 12.89 | 43.23 |
| 2021-12-29 | 108.60 | 1.81 | 98.77 | 76.76 | 9.96 | 41.48 |
| 2021-10-11 | 104.23 | 2.69 | 98.77 | 74.25 | 5.53 | 40.38 |
| 2021-10-08 | 104.80 | 2.55 | 98.77 | 74.20 | 6.11 | 41.23 |
| 2021-09-24 | 105.54 | 2.36 | 98.77 | 74.05 | 6.86 | 42.52 |
| 2021-09-02 | 106.75 | 2.07 | 98.77 | 73.82 | 8.09 | 44.61 |

数据来源：Wind；截止时间：2022 年 6 月 6 日。

搜特转债的转股价值为100元左右，搜特转债对应的价格为104～105元（下修后数据）。

在2021年7月30日搜特转债提议下修的晚上计提5元损失作为未预料风险，次日100元算是合理的提议下修价格，低于该价格有买入的机会。

第二天搜特转债开盘价为86.04元，收盘价为89.6元，远低于前面通过对比分析得到的结果，如果市场没有问题，那一定是搜特转债的价格被低估了。因此从对比分析定价来看，买入搜特转债机会大于风险。

（3）股东决议下修公告。以搜特转债为例，本次股东大会召开前20个交易日公司股票交易均价为人民币1.62元/股，本次股东大会召开前1个交易日公司股票交易均价为人民币1.62元/股，故本次修正后的搜特转债转股价格应不低于

1.62元/股。

综合考虑前述底价和公司股票价格等情况，公司董事会决定将搜特转债的转股价格向下修正为人民币1.62元/股，本次转股价格调整实施日期为2021年8月17日。

由以上可以知道，搜特转债下修的最低价是前20个交易日公司股票交易均价和前1个交易日公司股票交易均价的较高者，即1.62元。因此，市场把转股价下修到1.62元称为“下修到底”。

在2021年8月16日公布下修后，当日收盘后股价为1.60元。此时，搜特转债的转股价值为：股价÷转股价×100= 98.76（元），当日搜特转债的收盘价为95元，通过对比分析定价可以判断搜特转债的价格是被低估的，搜特转债的合理价格应该在104元左右。

此后，搜特转债的价格最高达到130元，因此买入搜特转债可以获得巨大回报。

对于可转债投资者来说，埋伏下修不仅能够获得投资收益，还有长期等待开花结果的喜悦。这充分说明，完全下修的可转债标的是一只有梦想的可转债。

通过上述案例可以看出，与上市公司博弈下修沟通，可以从市场营销的四个角度入手。

（1）动之以情。诉说作为一个可转债投资者，感受公司发展之艰，但希望管理层体谅投资者的亏损，暗示下修可挽回投资者的一些损失。

（2）晓之以理。过去没有下修的案例对于公司现金流造成影响，可能让公司陷入困境，这肯定是公司不希望看到的。

（3）诱之以利。可转债投资者回售会对公司偿还造成不小的压力。

（4）胁之以法。根据《公司法》《可转换公司债券管理办法》等，可转债投资者在特定条件下、特定情况下有权要求公司回售。

以正邦转债为例，公司发布的《关于回购注销部分限制性股票减资暨通知债权人公告》内容说明，债权人有权要求公司清偿债务，该条为后面与正邦科技的管理层沟通促进下修提供了法律基础。

该事件经过几天的发酵，正邦科技的证券部迎来可转债投资者铺天盖地的电话和邮件申诉。沟通下修的内容大致有：

（1）可转债投资者亏损哭惨；

（2）强调清偿债务对于公司现金流的影响；

（3）类似案例发生大量赎回造成公司与投资者的双输局面。

正邦科技也疲于应付源源不断的重复问题，结果就是大家预料到的那样，总结为6个字："你好，下修，再见。"

通过可转债投资者的不懈努力，促使正邦科技决定下修可转债的转股价，持有正邦转债的投资者获得了不错的投资收益。

类似正邦科技的案例，通过与上市公司沟通达成下修的还有很多，一部分投资者把与上市公司沟通下修当成一种投资方式，下修博弈更像是可转债市场的一种无风险套利模式。

实际上，参与下修产生的收益并不高。假设下修组合里有五个可转债，单个标的提议下修后获得5%的涨幅，但对于整体组合的收益却只有1%。再者，下修博弈真实交易时，很难买到最低点和卖在最高点，叠加整个过程可能会持续几个月之久，再均衡到组合里面对整体产生的综合效益就更差了。

尽管如此，我们应该要感谢那些在可转债下修博弈中努力打电话、发邮件的投资者，因为他们的执着让我们在一部分可转债中获利。正是因为这每一步的积累，才使得整个可转债市场变得越来越好。而对于投资者来说，参与下修博弈过程能够获得非常大的心理满足感，因为能够通过自己的努力而让市场变得更加美好。

**小提示：**转债条款设计对于投资者来说是有利的，当公司做出对转债持有人不利的行为时，投资者就可以运用手中的规则，联合起来维护自己的权益。

第七章

# 进攻型策略

何为"攻"?

"攻"意味着会有一个对于风险考虑更小、追求尽可能高收益的过程。

进攻型策略会伴随更大的收益波动,波动本身并不可怕,这是一种心理障碍。这就好像是当你在登顶一座小山丘后,你仍有勇气继续往前走,就能够登上更高的山峰。

进攻型策略并不是一味地去进攻,而是通过组合投资、轮动方式、选择替代等方式来降低整体组合的风险,从而获得超过可转债指数的收益率。

下面我们来讨论一下可转债领域主要的四种进攻型策略:正股替代可转债策略、抢权配售策略、低溢价率策略、低流通市值策略。

# 一、正股替代可转债策略

正股替代可转债策略的背景是：可转债下修之后，其转股溢价率比较高，会长时间维持20%～30%的转股溢价率，那么为何不选择买入正股替代可转债来获得更高的收益率呢？

这是一个与可转债投资相违背的逻辑，大多数可转债投资者选择可转债的原因是可转债风险相对小、收益也不错，过去可转债能够获得的整体回报率超过了股票指数的回报率。

从单个标的角度看，买入正股的风险显然是大于买入可转债的，这里讨论的正股替代可转债策略主要是通过把下修之后的正股组合在一起，在降低风险的同时获得超过持有可转债组合的收益。

概括地说，就是通过部分股票的超额收益弥补部分正股的亏损，以实现持有正股的组合收益大于持有转债的组合收益。

正股替代可转债策略的解释说明：

对比下修之后的正股与可转债，可转债高转股溢价率是选择正股替代可转债的前提，买入同等金额的正股和可转债在上涨过程中有非常大的收益率差，举例如下：

下修之后，某股票A与转债A之间有30%的转股溢价率差，上涨过程中两者的收益率差会被拉开；

假设转股价为10元、股价为10元、转债价格为130元、转股溢价为30%、持有10张可转债的市值为1 300元、持有130股的股票市值为1 300元；

未来可转债价格上涨到200元，转股溢价率缩减到0是可能会发生的（指的是随着转股价值上升，转股溢价率缩减至0），此时股价将增长到20元。

持有转债的收益率为：（2 000−1 300）÷1 300×100%=53.85%；

持有正股的收益率为：（2 600−1 300）÷1 300×100%=100%。

持有正股与持有可转债相比，两者之间收益率相差了46.15%，正股上涨的过程中，两者收益率差不断扩大，其中溢价率缩减了30%，额外的16.15%收益率差值是复利作用导致的。

如果转股价值涨到300元，转股溢价率缩减到0，两者收益率差将放大到69.23%，正股上涨越多，两者的收益率差越大。

以吉视传媒——吉视转债为例，如图7−1所示。

2021/11/17-2022/01/21 (47日)

| 名称 | 涨跌幅 | 涨跌 | 振幅 |
|---|---|---|---|
| 113017(吉视转债) | 48.61% | 50.390 | 62.82% |
| 601929(吉视传媒) | 81.73% | 1.61 | 93.40% |

图7−1 吉视传媒、吉视转债涨跌幅对比

在2021年11月17日—2022年1月21日区间里，正股吉视传媒涨幅为81.73%、吉视转债的涨幅为48.61%，两者的收益率差为33.12%。随着正股上涨和转股溢价率缩减，两者收益率差值会进一步扩大。

可转债下修转股价之后，也有连续下跌的案例，以康泰生物——康泰转2为例，如图7−2所示。

2021/12/30-2022/06/06 (101日)

| 名称 | 涨跌幅 | 涨跌 | 振幅 |
|---|---|---|---|
| 123119(康泰转2) | -14.02% | -18.383 | 18.64% |
| 300601(康泰生物) | -35.64% | -22.03 | 45.86% |

图7−2 康泰生物、康泰转2涨跌幅对比

在2021年12月30日—2022年6月6日区间里，正股康泰生物跌幅为35.64%，康泰转2跌幅为14.02%，两者的跌幅差值为21.62%。随着正股下跌其转股溢价率增加，康泰转2基本跌不下去，而康泰生物却仍有下跌的空间。

以上两个案例可以说明两个观点：

（1）买入单个股票存在的风险高于买入可转债存在的风险，股票下跌的风险大于可转债下跌的风险；

（2）通过正股替代可转债的方式，可以使得部分标的超额收益能够弥补部分标的亏损，从而实现整体收益的增加。

在前面的基础之上做一个内容延伸，假设正股的股价为10元、可转债的价格为130元、转股溢价为30%，持有10张可转债的市值为1 300元，持有130股的股票市值为1 300元。

如果公司破产或者股票价值归零，可转债以100元的面值赎回，可以计算一下两个投资者可能产生的亏损：

持有可转债的亏损为（1 000−1 300）÷1 300×100%=−23.08%；

持有正股的亏损为100%；

两者跌幅差值为76.92%，想要弥补该极端情况下正股的亏损，两个标的的组合，一个清零，另一个标的股价需要从原来的10元涨到15.38元，才可以弥补该股票的亏损。

正股替代转债策略需要考虑的前提：

a. 可转债需要完全下修，不完全下修则一定程度上表示公司大股东的强赎意愿不高；

b. 完全下修之后，依旧维持较高的溢价率，当溢价率缩减的时候，能够弥补个别股票的亏损。

c. 距离回售期越近，强赎的意愿越强，这类转债能够在短期内完成强赎，买入正股的年化收益率也会更高。

以2021年12月为时间节点，对过去两年的正股替代转债策略做收益回测后发现，下修正股组合是能够获得超越可转债组合收益的，因而一直采用以正股替代下修之后高溢价率的转债。

以2022年6月为时间节点，正股替代转债策略收益是负值，其持有体验感非常差，如果碰到个别可转债价格泡沫化，就会发生股票一路阴跌而可转债高涨的情况，这会给投资者造成非常大的心理压力。

该策略就是典型的在基础理论和数据实践中都能够得到不错收益的策略，而在真正实践中却得不到预想的结果，甚至与一开始的结论会背道而驰，而可转债组合比正股组合能获得更优的成绩。

**笔者感悟：**正股替代可转债策略的背景是：可转债市场不断地“内卷”，下修之后可转债普遍地出现高溢价率，即使将来达到强赎价，在数据统计上持有可转债的收益率也会差，而持有正股的收益率却会很好。

该策略还忽略了一个要点，即当下修之后可转债仍然表现为高溢价率，恰恰说明了股票市场和可转债本身就是被高估的状态，这时最好的选择是卖出可转债去持有现金，而不是用正股替代可转债。

以上是正股替代转债策略的思考，思考难免有些偏颇，实践得到的结果也不尽如人意，但只要我们对于未来满怀期待，就一定能够走向光明。

**小提示：**理想是彼岸，现实是此岸，中间隔着湍急的河流；我们以基础理论和统计数据搭建梦想的桥梁，总有一天，可以到达理想的彼岸。

## 二、抢权配售策略

何为抢权配售?

抢权配售是指在可转债发行的股权登记日或之前买入正股，获得优先配售可转债的权利，抢权配售的过程是以盈利为目的的，而不局限于结局是否参与配债。

从理论上来讲，如果正股收益+配债收益>0，即抢权配售成功；如果正股收益+配债收益<0，即抢权配售失败。

把抢权配售收益拆分为正股收益和配债收益，其中正股收益是一种短期的投机行为，虽然难以预测股价波动，但可以通过一些历史经验及思考增加抢权配售收益的可能性，从而实现抢权配售过程整体获得正收益。

一旦正股发生大额亏损且靠配债的收益难以弥补时，就会想到常常在市场中听到的一句话——“抢权配售是一门亏钱的手艺”。

通过预计配售可转债的收益除以买入正股的成本，可以计算出抢权配售可转债部分的收益率，也就是常常说的“安全垫”。

下面是对于抢权配售基础内容的讲解及延伸思考:

（1）抢权配售安全垫的计算过程。

a. 每股可配售的转债金额=拟发行可转债规模÷股本（该股票为AH股票时，需要剔除港股部分的权重，仅A股投资者可配售可转债）

b. 配售一手可转债（1 000元）需要的股数=1 000÷每股可配售金额

c. 投入成本=股数×当时股价

d. 安全垫=预期上市一手可转债收益÷投入成本（为了方便计算，一般预期一手可转债的收益为200元、安全垫为3%）

以东方财富发行的东财转3为例，计算安全垫的过程如下:

每股可配售的可转债金额=158亿元÷86亿股=1.83（元）（取小数点后两位，未四舍五入）；

配售一手可转债（1 000元）需要的股数=1 000÷1.83=546.44（股）；

投入成本=546.44×24.02=13 125.49（元）。

安全垫=300÷13 125.49×100%=2.28%，考虑到东财转3质地较好，上市价格大概率会超过130元，可适当提高预期收益率，那么一手配债可以获得300元收益。

**知识点延伸：** 无论登记股权日股价涨跌多少，对于安全垫的影响都很小，但股票买卖会直接影响到最终整体抢权配售收益。

股价涨停的安全垫：300÷（546.44×24.02×1.1）×100%=2.07%；

股价跌停的安全垫：300÷（546.44×24.02×0.9）×100%=2.54%。

股价涨跌停对于安全垫的影响是很小的，对于配售东财转3的收益影响不到0.5%，而对于整体收益影响却非常大，因此，不要为了配债而配债，而要以收益为抢权配售的最终导向。

（2）百元含权，百元含权的计算方法与抢权配售类似，以东财转3为例。

百元含权=发行规模÷总市值×100=158÷2 063.72×100=7.65（元），相当于持有100元股票可以配售7.65元可转债，也可以用百元含权计算方法来计算抢权配售的安全垫，考虑到东财转3质地较好，上市可能就达到30%涨幅，计算安全垫结果如下：

百元含权×预期涨幅÷100= 7.65×30%÷100=2.29%，得到的安全垫的值与前面相差不大，前面更加详细，可用于一手抢权配售；后面更直观，方便判断安全垫的大致区间。

（3）一手配债，沪市可转债以手（含10张）为单位，深市可转债以张为单位，仅沪市可转债存在一手配债。

**知识点延伸：**沪市：原股东网上优先配售可转债可认购数量不足1手的部分按照精确算法原则取整，即先按照配售比例和每个账户股数计算出可认购数量的整数部分，对于计算出不足1手的部分（尾数保留三位小数），将所有账户按照尾数从大到小的顺序依次进位（尾数相同则随机排序），直到每个账户获得的可认购可转债加总与原股东可配售总量一致为止。

深市：原股东网上配售不足1张部分按照《中国结算深圳分公司配股业务指引》执行，即所产生的不足1张的优先认购数量，按数量大小排序，数量小的进位给数量大的参与优先认购，以达到最小记账单位为1张，循环进行直至全部配完为止。

假设沪市1 000股可以配售1手沪市可转债，那么对于持有500股、600股、700股的股东，分别是如何配售可转债的呢？

规定是从大到小排列，持有900股的股东先配、持有800股的股东再配，最后给持有600股股东分配的时候，可转债不够了，就在所有持有600股的投资者中进行随机选取，直到所有可转债配售完毕为止。

沪市可转债存在对持有500股（0.5单位）的股东可能配售1手可转债的情况，其本质是想获得另外一位股票持有人的剩余未配售股份，而实际情况下是比较难配到的。

以重庆银行为例，计算配售过程如下：

每股可配售金额=发行规模÷总股本=130÷18.95= 6.86（元）；

注：重庆银行为AH两地发行股票，因港股投资者无法配售可转债，其总股本仅以A股股本计算，其中重庆银行总股本为35.12亿，A股股本占比为53.97%。

配售1手可转债需要股数=1 000÷6.86=145.77（股）；

按照沪市可转债1手配债原则，0.5单位就可能配售1手可转债，相当于100股可能配售1手重银转债，但还是建议购买300股配售2手转债，这样可以保证配售2手转债。

（4）从可转债发行的角度来看，并不是所有的A股都可以发行可转债，沪市与深市规则不尽相同，但两地的发行条件剔除了一半的上市股票，被剔除的上市公司属于质地较差的，可转债发行本身就是股票优中选优的过程，这也是长期可转债指数能够跑赢股票指数的核心原因。

可转债发行筛选公司的条件如下：

a. 最近三个会计年度加权平均净资产收益率≥6%；

b. 最近三年的净资产收益率均为正数；

c. 以现金方式累计分配的利润不少于最近三年实现的年均可分配利润的30%；

d. 累积债券余额占上一年经审计的净资产比例≤40%；

e. 最近一期经审计的净资产不低于人民币15亿元，发行的可转债需要额外提供担保。

从发行角度来说，凡是能够达到标准去发行可转债的公司，本身就是质地优良的公司，未来四年（回售期）其发生破产造成可转债违约本身就是小概率事件，因此，可转债市场发生实质性违约从一开始就是一件概率极小的事情，过去也并没有发生过。

（5）从组合的角度看待抢权配售，其本质是股票投资，不能够和投资可转债一样“雨露均沾”。

根据可转债的发行规则，抢权配售本身就是优中选优的过程，使得部分标的产生超额收益且能够弥补部分股票的亏损，从而使得整体获得正收益。

举例说明：

单位A未来有50%的概率翻1倍变成2个单位，也有50%的概率亏损一半变为

0.5个单位，其期望收益值是1.25单位。

单位B未来有100%的概率变为1.2个单位，其期望收益值则是1.2个单位。

如果让A进入一次翻倍、一次减半的反复，那么在几个反复之后，A会维持原有的1单位，而B却一直在增长，长期收益是资产对于风险定价的累积而不是收益的累积，风险控制是投资的第一步，抢权配售可以通过组合的方式去降低整体的风险。

**小提示：**虽然集中火力开始时会非常炫酷，但是，一旦出错就很难翻身了，只有分散投资才能够长久。

（6）从流量角度来看待抢权配售的短期投机行为，价格的趋势来自市场热度和关注度的提升。

举例说明：

给10个可转债自媒体投票，游戏规则是好加1分、一般0分、不好减1分。现在有100个人投票和1 000个人投票两种情况，我们预测谁得到正分数是困难的，而现在将游戏规则改变为好加1分、不好0分，那么至少有一个结论是对的，也就是1 000个人投票要比100个人投票时可以获得更多的分。

当第一个相关公告出来时，增加100个人关注，选择买或者不买；第二公告出来时，增加1 000个人关注，选择买或者不买；第三个、第四个公告出来直到整个投票游戏结束，总关注人数的增加会推动抢权配售过程股价的增长，这种流量增加的行为在小规模可转债发行过程中表现得尤为明显。

从短期来看，发行可转债这个事件对于股价增长的促进是正向的，这就好比一桶水倒进原有的存量水池，水位波动会有一个情绪预期，而真实提高的水位会小于本身波动的高度，这种短期影响和股票本身价值关系并不大。

从长期因素与短期因素两个角度来看待抢权配售的技巧，基础知识的学习是投资者参与抢权配售的底气，延伸的深度思考会让投资者更加有信心，下面从实际应用角度分享一些技巧。

长期因素：含权、行业、控制人属性。

a. 百元含权，该指标的含义有点儿像净资产收益率（ROE）。

净资产收益率太低或者太高都不利于企业的发展，净资产收益率过低表示企业效益差，吃力不讨好；净资产收益率过高的企业存在造假嫌疑，让人觉得不真实。

百元含权也有类似的状况，含权过低，所配售的可转债少，花费成本高；含权过高，负债占公司总资产比例高，不利于公司的发展，控股股东有损失控制权的可能，尤其在国企中，需要特别注意对控制权的影响，有很多的国企选择在高溢价率时转股，就是为了锁定控制权。

需要特别提醒的是，百元含权不仅在抢权配售中发挥作用，还会在可转债赎回时产生副作用，含权越高对于股价的影响越大。

投资者能够接受的安全垫为3%～5%，这符合市场化需求，安全垫=配售可转债收益÷配售投入成本。

假设一般可转债上市均价为120元，根据百元含权×预期涨幅=安全垫来推算百元含权区间在15～25，考虑到沪市和深市的区别，沪市需要含权7.5～12.5就可以拥有3%～5%的安全垫。

**笔者感悟：**经过几次抢权配售后，你会发现往往含权非常高的可转债，市场关注度也高，而最终获得收益却不及预期；含权适中的可转债，往往有出其不意的保险；含权低的可转债，对于正股的影响过小，约等于买入正股，意义也不大。

b. 所属行业决定两个重要的因素：行业趋势、行业溢价。

行业趋势，明确两个重点：

其一，抢权配售是短期的投机行为，需要选择上涨趋势的股票；

其二，发行可转债有利于提高公司的热度，会吸引更多人关注，公司核准之后的成交量也将较之前放大。

如果股票一直在跌，你买进去就开始涨是小概率事件，老手往往败于抄底；如果股票一直在涨，你买进去就开始跌也是小概率事件，新手败于一直追涨。

行业特性，主要表现在行业溢价率，行业溢价率对可转债上市定价有影响，高新技术的半导体、芯片、医药等行业会有更高的溢价率，传统的建筑、化工、环保等行业则会有更低的溢价率。

c. 控制人属性，这是一个偏门的指标，属于可转债抢权配售的经验总结。

以国企转债为例，管理层需要做的是完成上级领导交给自己的任务，因而国企考核有就业、贡献GDP、党建考核、扶贫等指标。

相对于民企来说，为了给公司创造更多利润、投资者的回报及员工的福利，其现实处境往往使民企对于股价的敏感程度远远高于国企，民企对于发行可转债的目的更倾向于可以为公司创造更多的利润，有更多的动力促进可转债的强赎。

在实际进行抢权配售标的的选择时，会更倾向于民企，很少会选择国企。

短期因素：规模、价格、解禁减持。

a. 规模因素，主要分为两个部分：市值和发行规模。

先说说市值部分，其可以拆分为总市值和流通市值，市值越小越有利于抢权，需要注意的是，当总市值远大于流通市值的时候，看看近期（6个月）是否有股票要解禁，这是一个风险点。

百元含权=发行规模÷总市值，百元含权的影响不仅仅表现在配债比例上，还表现在高含权可转债转股对正股的影响上。

流通市值越小，对应的波动会越大，而非理性波动是造成超额收益的主要原因。

发行规模，一般是和小市值公司相匹配的，很少有大市值公司发行小规模可转债，统计规模低于3亿元的可转债，市场会给予更高的转股溢价率，小规模可转债上市常常会有更高的转股溢价率。

b. 价格因素，一个在随机波动的因素。

价格因素对于抢权配售影响大，买小规模（市值及发行规模）可转债，其股价在低位的好；买大规模可转债（市值及发行规模），其股价在趋势向上的好。

因为证监会核准到可转债发行仍有较长时间，所以不建议看短期的波动，最好能够把配债时间轴拉长。

c. 解禁及减持，股票解禁会增加市场的流动性，此时对于抢权配售就需要谨慎参与了，这里会涉及大股东解禁、股权激励解禁、定增解禁等。

定增解禁减持，如果是过去有并购一些企业存在定增股东解禁，那这类股东抛售股票的意愿是非常强的；

机构定增解禁减持，机构是以盈利为目的的，是没有感情的减持机器；

股权激励解禁减持，其原本是管理层对于自身业绩考核的奖励，而现在却慢慢变成了管理层在股市里获利的工具。

解禁减持，只要记住一句：该跑就要跑。

**笔者感悟：** 可转债的抢权配售是一个投机的游戏，而不是投资，其研究内容是股价的短期变化。因为发行可转债公司本身质地相对较好，所以相对于一般的股票投资，其更加容易获得正收益，再结合一定的配售技巧，以组合的方式是能够获得不错收益的。为此，这里写了一首抢权配售小诗。

市值规模要选小，百元含权要刚好。

民营要比国营好，行业偏好竞争少。

抢权趋势很重要，单边下跌一定跑。

高位震荡恐被套，底部调整吃得饱。

**小提示**：抢权配售是一个人性的游戏，你看到的、看不到的都在里面，最终都会反映在股价里，其核心在于人取我舍、不追逐热闹。

## 三、低溢价率策略

在介绍低溢价率策略之前，先来回顾低溢价率策略一路走来的艰辛，刚开始低溢价率策略并没有得到市场的认可，之后因为其收益表现突出才慢慢进入可转债投资者视野并在可转债市场五花八门的策略中脱颖而出，并成为佼佼者。

其核心逻辑是：股价不断上涨拉高转股价值，转股溢价率开始慢慢减少，当转股溢价率缩减到一定程度时就进入低溢价率策略中，此时股票主升浪涨幅才刚刚开始，低溢价策略就是把握核心上涨趋势，跟随市场龙头标的。

过去，低溢价率策略更多的是在理论层面上的讨论，逻辑上可以判断为一个进攻型选择，经过可转债一轮周期之后，实践上也验证了低溢价策略的收益是实至名归的。

那么，何为低溢价率策略呢？

先解释一下转股溢价率的由来，转股溢价率是可转债投资非常重要的指标，用于衡量转股价值的相对高低，计算方法如下：

可转债转股溢价率=（可转债价格÷转股价值−1）×100%

=［可转债价格÷（正股价÷转股价×100）−1］×100%。

以2021年7月30日东财转3为例，东财转3可转债价格为154.5元、转股价值为132.98元、正股价为31.05元、转股价为23.35元，那么转股溢价率计算如下：

东财转3的转股溢价率=（154.5÷132.98−1）×100%

=［154.5÷（31.05÷23.35×100）−1］×100%=16.19%。

东财转3的转股溢价率为16.19%，通过以上计算方法可以得到任何一个可转债的转股溢价率。

在转股溢价率的基础之上，增加价格作为横坐标轴，可以得到一张四象限图，低溢价率策略则处在第三、四象限位置，如图7−3所示。

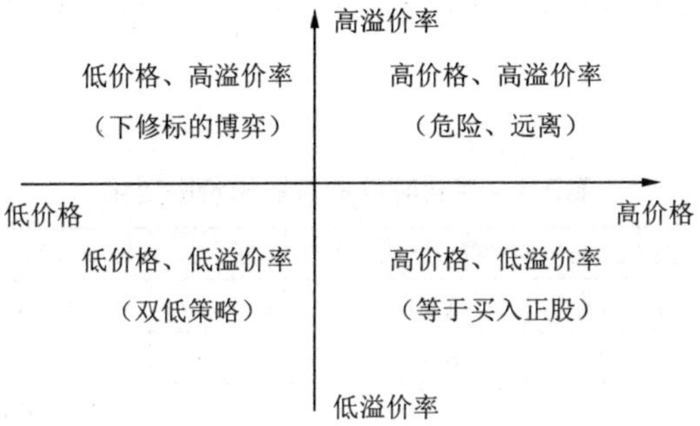


图7−3　可转债价格和溢价率四象限图

从图7−3可知，低溢价率和价格并没有直接关系，对应的价格可高可低，低溢价率策略更多的是从溢价率角度讨论可转债的相对性价比。

将低溢价策略分为负溢价率和低溢价率两种状态，负溢价率往往是在特定情况下形成的；低溢价率则是随着转股价值提高而转股溢价率逐渐降低，表现出来更多股性状态，如图7−4所示。

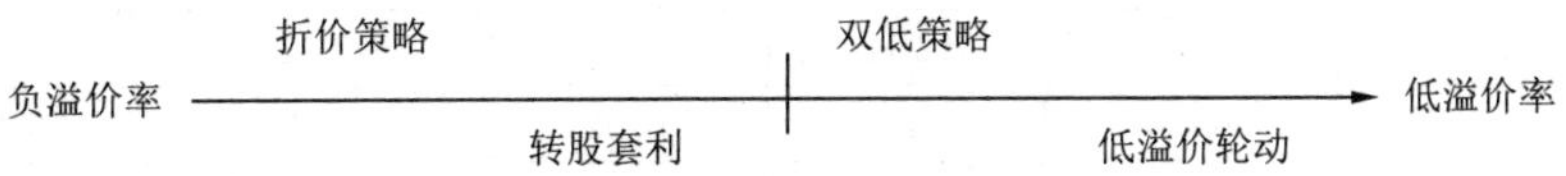


图7−4　低溢价率策略拆解图

从图7−4可知，可以从溢价率的四个方面去理解低溢价策略，前者包括折价策略、转股套利，是在负溢价率上执行的；后者包括双低策略、低溢价轮动，是在低溢价率上执行的，前后没有界限划分，大多时候是相互交融的，下面我们对其内

容进行分析讨论:

折价策略，相当于以比股票更便宜的价格买入“股票”，折价策略分为两个部分: 一是一直买入持有折价的可转债，二是通过将折价的可转债转化成股票来获取折价收益。

最简单的持有折价策略是: 在可转债出现负溢价率时买入，当溢价率变为正值时卖出，从而获得转股溢价率回归和正股趋势向上的收益。

以英科转债为例，其转股溢价率在折价期间可转债的价格变化，如表7-1所示。

**表7-1 英科转债的转股溢价率变化**

| 日 期 | 收盘价(元) | 涨 跌 | 涨跌幅(%) | 转股价值(元) | 转股溢价率(%) |
|---|---|---|---|---|---|
| 2019-09-10 | 116.90 | 16.90 | 16.90 | 104.37 | 12.01 |
| 2020-01-07 | 129.80 | 5.30 | 4.26 | 130.15 | -0.27 |
| 2020-01-08 | 128.61 | -1.19 | -0.92 | 128.49 | 0.09 |
| 2020-01-09 | 129.99 | 1.38 | 1.07 | 130.52 | -0.41 |
| 2020-01-10 | 130.00 | 0.01 | 0.01 | 131.88 | -1.42 |
| 2020-01-13 | 132.00 | 2.00 | 1.54 | 133.23 | -0.92 |
| 2020-01-14 | 135.23 | 3.23 | 2.44 | 138.52 | -2.38 |
| 2020-01-15 | 134.70 | -0.53 | -0.39 | 138.22 | -2.54 |
| 2020-01-16 | 135.11 | 0.41 | 0.31 | 136.31 | -0.88 |
| 2020-01-17 | 139.60 | 4.49 | 3.32 | 141.91 | -1.63 |
| 2020-01-20 | 148.53 | 8.93 | 6.40 | 153.85 | -3.46 |
| 2020-01-21 | 146.11 | -2.43 | -1.63 | 152.00 | -3.88 |
| 2020-01-22 | 148.00 | 1.90 | 1.30 | 152.74 | -3.10 |
| 2020-01-23 | 139.53 | -8.47 | -5.72 | 145.29 | -3.97 |
| 2020-02-03 | 151.65 | 12.12 | 8.69 | 159.82 | -5.11 |
| 2020-02-04 | 147.53 | -4.12 | -2.72 | 158.28 | -6.79 |
| 2020-02-05 | 146.88 | -0.65 | -0.44 | 161.97 | -9.32 |
| 2020-02-06 | 157.00 | 10.12 | 6.89 | 169.85 | -7.56 |
| 2020-02-07 | 156.00 | -1.00 | -0.64 | 168.55 | -7.45 |
| 2020-02-10 | 151.90 | -4.10 | -2.63 | 170.15 | -10.73 |
| 2020-02-11 | 172.50 | 20.60 | 13.56 | 187.20 | -7.85 |
| 2020-02-12 | 190.44 | 17.94 | 10.40 | 205.91 | -7.51 |

续表

| 日　期 | 收盘价（元） | 涨　跌 | 涨跌幅（%） | 转股价值（元） | 转股溢价率（%） |
|---|---|---|---|---|---|
| 2020-02-13 | 194.48 | 4.04 | 2.12 | 216.49 | -10.17 |
| 2020-02-14 | 190.00 | -4.48 | -2.30 | 205.29 | -7.45 |
| 2020-02-17 | 188.70 | -1.30 | -0.68 | 200.86 | -6.05 |
| 2020-02-18 | 188.99 | 0.29 | 0.15 | 201.11 | -6.03 |
| 2020-02-19 | 200.50 | 11.51 | 6.09 | 210.83 | -4.90 |
| 2020-02-20 | 200.10 | -0.40 | -0.20 | 205.85 | -2.79 |
| 2020-02-21 | 210.30 | 10.20 | 5.10 | 214.89 | -2.14 |
| 2020-02-24 | 241.00 | 30.70 | 14.60 | 236.37 | 1.96 |

英科转债于2019年9月10日上市时收盘价为116.9元，2020年1月7日英科转债的收盘价格为129.8元，并出现了0.27%的负值转股溢价率；中间在2020年1月8日为小幅收正转股溢价率，之后保持负转股溢价率并一直持续到2月24日时出现了1.96%的正溢价率，此时英科转债的价格为241元。

英科转债使用了最简单的折价策略，当出现负溢价率时买入，出现正溢价率时卖出，在第一次折价期间持有获得的收益率为（241-129.8）÷129.8×100%=85.67%，其中因转股价值增加而产生的收益率为（236.37-130.15）÷130.15×100%=81.61%，之后英科转债时常发生折价，多次为折价策略贡献超额收益。

现在需要想想，可转债产生折价的原因是什么？

转股溢价率是衡量可转债相对于转股价值的偏离程度，溢价率为正，相当于买入可转债比股票贵；溢价为负，相当于买入转债比买入股票便宜。

溢价率为正值，是因为可转债内含付息、下修、回售、赎回等权益性条款，相当于买股票送了权益，这样可转债贵一些是可以理解的。

溢价率为负值，是由以下两个原因造成的：其一是正股存在潜在风险，负溢价率反映出了这部分风险；其二是可转债未到转股期，即使为负溢价率，可转债并不能产生实际关联套利。

以英科转债为例，只要查一下英科转债的起始转股日就知道答案了，其转股起始日为2020年2月24日，在此之前，英科转债的负溢价率是不能够转股套利的，其时间节点和前面举例英科转债溢价率为正的时间点不谋而合，其实这个并不是巧合，而是在特定可转债规则之下的必然事件。

对于大多数的可转债而言，一旦进入转股期之后，想要长期维持高负溢价率是不大可能的，只要市场存在套利投资者，那么可转债溢价率就会不断地被修复。

**小提示：** 投资有时候并不是比谁有更高的学历、更好的算法模型，而是要在细节之处多用心观察。

前面我们讨论过出现折价情况时，如果一直持有可转债是可以获得不错的收益率，那么如果每次出现折价都选择转股套利，是不是也能够获得较高收益呢？

当转股溢价率为负值时，市场把可转债转化为股票并获得利差的方式，叫作“转股套利”，该方式一直被市场笑称为“一门亏钱的手艺”，下面我们来分析讨论一下。

以英科转债为例，计算转股套利的过程如下：

2020年3月13日收盘之后，英科转债的价格为277元，转股价值为287.51元，转股溢价率为−3.65%，持有1手（10张）英科转债（面值为100元/张）；

1手英科转债的市场价值为2 770元；

1手英科转债以转股价（16.17元）换成英科转债的股票，可以转换为英科医疗的股数为1 000÷16.17=61.84（股）（实际情况是将61股+0.84股换成现金，结果保留两位小数）；

转换英科医疗股票的价值为61.84×46.49=2 874.94（元）；

英科转债转换为股票可以获得的转股套利收益为：2 874.94−2 770=104.94（元），以上就是通过英科转债转股套利获得的收益。

折价是转股套利的基础，到达转股期之后，买入可转债并转成股票卖出，英科转债不仅在3月13日是负溢价率，之后很长时间里都将维持负溢价率，只要英科转债存在负溢价率，就可以不断套利，笔者用数据统计了英科转债可转股套利的91个交易日，收盘维持转股溢价率负值，将英科转债转股成英科医疗卖出套利，产生总转股套利收益为69.32%。

数据统计说明：以英科转债收盘价格买入，立即转股为英科医疗，在第二天再以收盘价卖出（收盘价较开盘价可以立即卖出，开盘价格则会受到转债转股对股价的影响）。

从数据统计角度来说，转股套利并不是一门亏钱的手艺，从英科转债第一次存在套利机会的2020年2月25日开始，英科转债价格为238.51元，直到2021年6月25日结束，此时英科转债价格为1 262元，其间英科转债的涨幅为529.12%，远远超过了转股套利收益率。

换而言之，英科转债转股套利获得的正向收益很大的原因是其本身选择了一只趋势向上的可转债。如果可转债进入一个震荡或者下降趋势，转股套利就很难实现盈利了，其他的可转债统计转股套利收益数据并不能稳定赚钱。

转股套利被称为“一门亏钱的手艺”的原因找到了，个别标的产生的收益可以达到宣传效果，但不存在普遍的套利收益。

转股套利本身存在的三大问题：

时间差，可转债转股需要在收盘之前完成且第二天才能够到达账户，存在一定的时间变动；一部分投资者选择盘中转股，而如果收盘溢价率为正值，就反向“送礼”给市场了。

流动性，流动性的问题分为两个部分：买入转债会推高转债价格，卖出正股会拉低股价。流动性对交易价格产生的影响叫作“滑点”，流动性越差，产生的滑点越严重，而数据统计是不会产生滑点的。

碎股损失，不满1股的情况会以现金的方式兑换，原本以转股价值兑换的碎股换成面值兑换，会产生一部分亏损。

特别注意：当转股价值大于100元时转股，碎股是亏损的；当转股价值小于100元时转股，碎股是盈利的。

**知识延伸：**转股套利最大的风险是时间差，因其次日才能够完成套利，但是可以通过融券的方式锁定折价率来锁定利润，实现路径如下：

以英科转债为例，向机构进行融券（借入股票）——买入英科转债并卖出英科医疗——将英科转债转化为股票——归还融券（归还股票）——支付券息。

当折价率产生的套利收益大于支付券息时，就可以做无风险套利了，整个套利过程最大的难点是向金融机构融券，不是所有的投资者都能够融券的，仅仅一部分人能够做到无风险套利。

一个有趣的视角，持有股票的金融机构为何不自己做无风险套利呢？

在2017—2018年期间，转股套利是一个不断“内卷”的过程，刚开始因为参与转股套利的人少，所以买卖的滑点小，即使不用向金融机构融券，也可以套利成功，市场把有时间差风险的转股套利称为“裸套”。

随着可转债的普及，一些金融机构进入转股套利市场，机构比个人的优势主要在于其有融券能力，“裸套”在可转债市场慢慢便没有了生存空间，因为机构会通过融券锁定利润，可转债出现折价的第二日往往是股价低开直接抹平了所有“裸套”的盈利空间，没有融券能力的投资者就不太可能获得收益了。

之后，可转债转股套利市场进一步发展，主要表现在融券能力上，因为一些量化基金较一般金融机构不但有更强的融券能力，还有模型执行能力，所以一般金融机构也慢慢退出可转债转股套利市场。

真实案例说明：

在2021年9月参与过本钢转债的套利，买入本钢转债并将其转化为本钢板材，再卖出本钢板材完成套利，笔者预期转股套利能够从整体上获得收益，可结局却是买入可转债下跌+转股后股价下跌的双重亏损，如表7-2所示。

**表7-2　本钢转债转股套利数据**

| 日　期 | 收盘价（元） | 转股价值（元） | 转股溢价率（%） | 转股套利收益率（%） |
|---|---|---|---|---|
| 2021-08-31 | 124.90 | 125.10 | −0.16 | −1.12 |
| 2021-09-03 | 131.46 | 132.87 | −1.06 | −2.14 |
| 2021-09-06 | 132.50 | 134.26 | −1.31 | −11.40 |
| 2021-09-07 | 143.70 | 147.61 | −2.65 | 4.21 |
| 2021-09-08 | 137.28 | 137.65 | −0.27 | −6.65 |
| 2021-09-09 | 144.37 | 146.41 | −1.40 | 2.72 |
| 2021-09-13 | 140.00 | 140.44 | −0.31 | 3.53 |
| 2021-09-14 | 134.50 | 135.06 | −0.41 | 1.36 |
| 2021-09-15 | 132.04 | 132.67 | −0.48 | 1.48 |
| 2021-09-16 | 129.08 | 130.08 | −0.77 | 2.62 |
| 2021-09-22 | 123.90 | 124.70 | −0.64 | −2.90 |
| | | | 求和 | −8.29 |

数据来源：Wind；截止时间：2021年9月。

**笔者感悟：**对于折价策略及转股套利策略的总结：

折价策略最大收益并不是来自折价套利，而是来自可转债价格的上涨，这一点宣传转股套利并不会告诉你。以英科转债为例，折价部分在总的收益中占比并不高，大部分收益来自价格的增长，不可本末倒置。

转股套利在统计数据上能够获得正收益，但是在实际操作过程中会遇到很多的困难，最终导致不能获得正收益，不建议个人投资者参与，这是一门理论上有收益而实际容易“亏钱”的生意。

做交易及研究策略需要非常谨慎，一步一个脚印地往下走。

首先，要求历史数据统计上能够获得正收益，这样的投资才是有意义的；

其次，数据统计会因为节点的问题而导致效果不佳，所以需要不断地回测和验证，例如：虽然转股套利的数据统计可能是有效的，但最后并不能取得好的收益；

最后，小仓位、多案例去尝试，取得成功之后再去确定投资。

以过去的数据为基础预测未来事件，结果难免会发生偏离，在高点回测的结果多半能得到正收益，在低点回测的结果多半会得到负收益，这一点需要特别注意。

有一部分投资者喜欢以逻辑思考的方式去做交易，这也是没有问题的，这是完全不同于统计结果的投资方式，股价按照演绎的方向去发展，即使现在身处黑暗，但仍相信未来是光明的。

无论是数据统计还是逻辑思考，均有利弊，数据统计像是数学中的归纳法，逻辑思考像是演绎法，并无优劣之分，归纳法有发生黑天鹅的可能，而演绎法则需要风雨兼程、等待花开。

低溢价策略的第二部分是讨论双低策略、低溢价率轮动，从上文可知，低溢价策略存在于第三、第四象限，低溢价率包含大部分的双低值可转债，双低策略和低溢价率是相互交叉的关系。

当可转债价格低、转股溢价率高时，整体会呈现出双低值靠前，例如：本钢转债在2021年2月期间价格为70～80元、转股价值为50～60元、转股溢价率为25%～35%，本钢转债属于双低策略但不属于低溢价策略。

上面内容对双低策略有详细的介绍，下面重点讨论一下低溢价策略，在一个完整可转债的上涨趋势里面，例如：股票上涨20%、可转债上涨5%，其转股溢价率被消化，直到转股溢价率符合阈值被选入低溢价率策略为止。

进入低溢价率策略的时间点是在溢价率消减之后，可转债与正股的涨幅几乎同步，且可转债处在一个上涨趋势里，赚钱就成为一个大概率的事情。

需要特别注意的是，在一个100%涨幅区间里，低溢价策略不仅不能够得到前面20%缓慢增长的收益，也会因后面溢价率提升而承担卖出损失，仅能获得中间60%的涨幅，如图7-5所示。

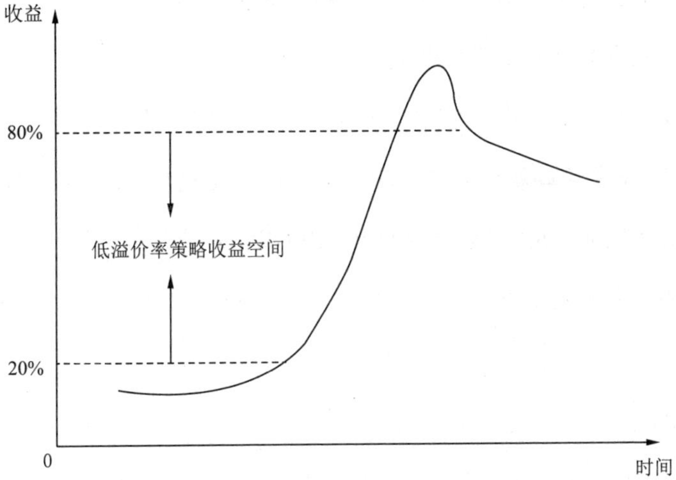


图7-5　低溢价率策略收益率空间图

低溢价率策略的实际应用分为三个部分：使用方式、存在问题、优化思考。我们先来聊聊常见的三种低溢价率策略的使用方式：

（1）低溢价率策略之选债方式

双低策略，其本质是通过双低数值筛选出可转债市场最具性价比的可转债标的。

低溢价率策略，其本质是通过低溢价率筛选出相对贴近转股价值的可转债，大部分是符合价格向上趋势的。

这就好比在牛市里面，买进去就赚钱是一件大概率的事情，你一买进股票牛市就结束了则是一个小概率事件。捕捉上涨趋势的标的类似于CTA策略中寻找价格上涨趋势的逻辑，只不过低溢价率可以帮助投资者找到这段上涨趋势。

每年热门行业的股票对应的可转债为低溢价率，如2021年周期性行业、矿山金属行业和2020年医疗器械行业、半导体行业，只要组合当下市场低溢价率标的，就可以得到强势行业带来的股价增长红利。

以英科转债为例，因疫情原因，正股英科医疗医用手套需求大增、业绩爆涨，英科医疗股价大幅上涨，带动英科转债创造了可转债市场的最高价，比发行价增长了36.18倍，凭一己之力给低溢价策略创造了巨额收益。

（2）低溢价率策略之排名轮动

将转股溢价低于5%的标的做一个排名，选择排名靠前的10个标的，每天进行轮动一次。排名轮动是低溢价率轮动策略最常见的方式，其组合数量、轮动时间都是可以调整的，如以20个标的为组合、每周轮动一次。

该策略最大的优势是可以手工进行且数据统计的工作量不大，比较适合个人投资者，低溢价率排名轮动的方式能够获得非常好的回报。

（3）低溢价率策略之差值轮动

以转股溢价率为标准进行排名，选择排名靠前的20个标的进行轮动，常常会出现末尾频繁买卖的现象，与排名轮动相比，差值轮动优势在于可以减少交易的频率和成本。

**解释说明：**以溢价率阈值为标准进行排名并轮动20个标的，其轮出标准是：选择第21个标的作为对比对象，当20个标的中有阈值与第21个阈值超过设定差值对，则该标的被轮出、第21个标的被轮入。

案例说明：

以溢价率阈值排名组合包含20个可转债标的，组合轮动卖出标准为转股溢价率大于第21个标的有一个差值（3%），即转股溢价率大于9%。

当第18个标的转股溢价率为9.1%时，与第21个标的相比，大于其转股溢价率有3%差值，则第18标的被轮动卖出、第21标的进入组合，如表7-3所示。

**表7-3　差值轮动方式案例演绎**

| 序　　号 | 转股溢价率（%） | | 序　　号 | 转股溢价率（%） |
|---|---|---|---|---|
| 第 18 个标的 | 3 | | 第 19 个标的 | 4 |
| 第 19 个标的 | 4 | | 第 20 个标的 | 5 |
| 第 20 个标的 | 5 | 轮动卖出变化 | 第 21 个标的 | 6 |
| 第 21 个标的 | 6 | | 第 22 个标的 | 7 |
| 第 22 个标的 | 7 | | 第 18 个标的 | 9.1 |

对低溢价率策略排名轮动、低溢价率策略差值轮动做了收益率回测统计，其中，低溢价率策略排名轮动方式为排名靠前20个标的、每周轮动一次；低溢价策略差值轮动方式则选择排名靠前的20个标的，差值轮动卖出的标准为3%、5%、10%、15%，每日轮动一次，数据回测时间为2018—2021年，统计结果如图7-6所示。

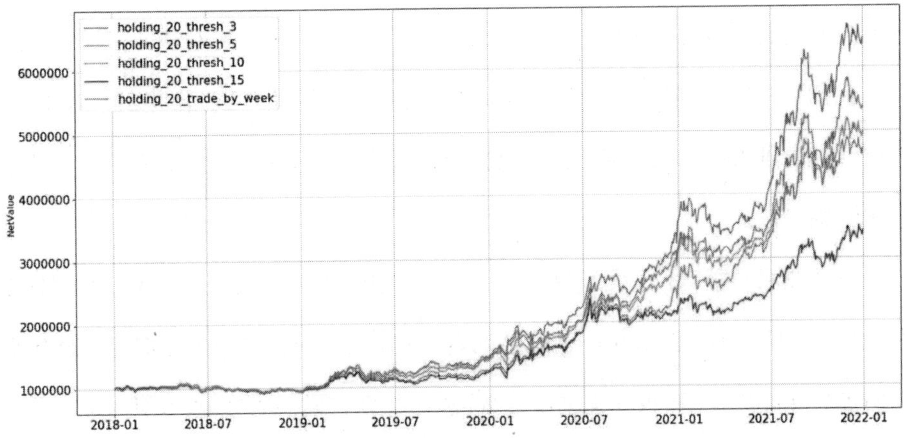


图7-6　低溢价率轮动收益率回测图

两种不同的轮动方式所对应的回测总收益率、年化收益率的统计结果如表7-4所示。

表7-4 低溢价率回测总收益、年化收益表

| 策略轮动方式 | 总收益 | 年化收益率(%) |
|---|---|---|
| 20标的、3%差值轮动、每日 | 5.45 | 52.79 |
| 20标的、5%差值轮动、每日 | 3.97 | 41.23 |
| 20标的、10%差值轮动、每日 | 3.70 | 38.71 |
| 20标的、15%差值轮动、每日 | 2.42 | 24.73 |
| 20标的、排名轮动、每周 | 4.38 | 44.67 |

低溢价轮动收益率最佳的是20标的、3%差值、每日差值轮动策略，差值大小导致的低溢价轮动策略收益率有很大的差别，简单的手工排名轮动也能够获得非常好的收益率。

低溢价策略可以通过历史数据回测收益率，其原理简单易懂、可操作性强，但真正能够做好低溢价策略的投资者少之又少，这又是为何呢?

当越来越多的投资者使用低溢价率策略时，同质化必然导致市场竞争，策略和模型开始失灵，后面市场比拼的并不是所谓的策略和模型，而更多核心价值在于参数的设定和算力的优化。

根据数据统计结果可以得知，3%的差值是最优轮动方式，市场的“内卷”会将差值提高到2.9%，以保证自己比其他投资者更快成交，而最后低溢价率策略会慢慢开始失效。

一个交易小技巧：思维习惯导致很多投资者喜欢整数而不是小数，习惯挂单为整数100元，而不是99.99元，虽然两者的实际收益差别并不大，但是小数能以价格优势保证成交，建议在交易及参数设定时，要打破思维惯性、多用小数。

能够真正做好细节的投资者少之又少，虽然适合个人投资者的低溢价排名轮动策略能够获得年化41.23%的收益率，但坚持去执行的人却很少，大家习惯去追求最高收益率策略，却忘记了投资是需要自我认同的。就好比买车一样，不是每个人都适合开跑车的，适合自己的才是最重要的，如果能跳出思维惯性，就会发现公共交通出行也是不错的选择。

低溢价策略存在的一些问题：

a. 存在时间年限短，没有人知道发生在2015年和2008年极度悲观的情况之下，低溢价率策略会有怎样的表现和回撤值；

b. 低溢价率策略收益拆分的本质是个别标的获得超额收益以弥补个别标的亏损，从而使得整体收益增强。

市场失效情况之下，低溢价率策略会有负反馈，如正股跌、转债跌更多、折价转股套利、正股卖出继续下跌、转债跟随下跌等；

c. 策略本身逻辑非常简单易懂、模型可复制性强，这就不可避免地会造成策略同质化，结果是低溢价率策略收益率不断递减；

d. 低溢价率不仅存在于正股股价不断上涨的过程中，还存在于高价之后下跌的过程之中，如果下跌时可转债没有表现出转股溢价率提升，那么低溢价率策略会一直持有下跌趋势的可转债，直到表现出达到轮出的溢价率阈值情形为止；

e. 严格执行策略，回测结果收益率很高，而在实践过程中往往达不到预期，最大的问题是没有考虑市场因素，如滑点、交易量大小；

f. 注意强赎风险，一般情况下，15个交易日有10个交易日的转股价值大于130元，公司会发布公告提示强赎风险。即使可转债现在处于低溢价状态，也应该卖出以规避风险。一旦强赎，溢价率必然会归零，更严重的是正股和转债一起下跌，那就会遭遇双重打击。犯错少一点，机会自然就多一点；

g. 转股期，一般来说，高折价多出现于转股期之前。如华菱转2到转股起始日（即2021年4月29日）之前，一直维持着较高的折价；到了转股期之后，因大量套利投资者的存在，将华菱转2转化为股票卖出，股价快速下跌消化溢价率，带动转债下跌。

**笔者感悟：**过去有一段时间，曾大力推荐过低溢价策略及相关内容，低溢价率是有理论基础及实践结果的，这一点从来没有被质疑过。

有一次与股友沟通，聊了3个多小时，他在使用低溢价率策略时出现了一些问题，当出现反转趋势，即使溢价率很高，也没有卖出，最后亏损严重。

当时市场最热门的低溢价率标的——华自转债，从正转股溢价率变为负转股溢价率时，华自转债进入上涨趋势，价格快速上涨，如图7-7所示。

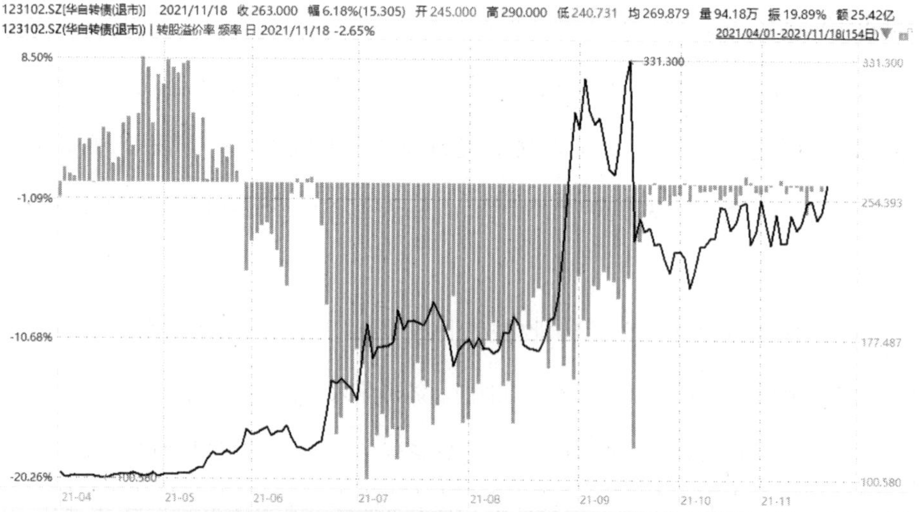


图7-7 华自转债叠加转股溢价率

一部分投资者选择低溢价率策略买入华自转债时，其价格已经接近300元，之后一个突发事件导致了华自科技股价大幅下跌，转股溢价率快速回正，华自转债价格大幅下跌，而此时按照低溢价率策略根本达不到卖出的标准，紧接着是不断下跌，简直是“钝刀子割肉，一直疼”。

低溢价率轮动卖出标准是转股溢价率提升，虽然这种卖出常常是亏损的轮动卖出，但仍要按照策略执行卖出，这本身就属于策略的一部分。

不过，割肉卖出行为并不符合大多数投资者的心态，实际情况是很多投资者知道应该卖出，却始终没有执行，甚至公司已经发出强赎公告了，这些投资者仍然期待奇迹会发生，最后损失惨重。

所以说，低溢价率是一个非常好的策略，也能创造市场的超额收益，而执行时对于大多数个人投资者却是困难的，人是一个有感情的动物，仅有一部分人能够做到亏损执行策略，成为市场中“锋利的镰刀”。

**小提示：** 有50%的转债投资者是认可低溢价率策略的，而能够执行好的仅有10%，剩下的有一半会觉得是自己不合适，另外一半则会觉得不值一提。

## 四、低流通市值交易策略

低流通市值交易策略着眼于交易筹码的稀缺性，用较少的资金即可带来价格的大幅波动。主要从两个角度来看：转债剩余规模、转债可交易流通规模。

主要是因持股占比5%以上的原股东和董监高及其直系亲属配债受限交易引起的可交易规模暂时性限制，这个限制将在新债发行的六个月后解禁，需要注意这一时间点，到这一时间点需参考的则是转债的剩余规模。

可通过宁稳网来查询转债余额及网上获配数，用网上获配数可初筛出低流通市值的可转债，想要得到更准确一点儿的数据，需用发行规模扣减转债股东中的受限规模，即可得出交易规模。

注意事项：可转债发行时会有确定的规模，随着转股增加，可转债的规模会缩小，最小的规模也要高于3 000万元，否则就会触发强赎条款。

观察数据统计如下：

剩余规模在0.6亿元以内的，转债价格基本上在200元以上；

剩余规模在1.2亿元以内的，转债价格基本上在130元以上；

剩余规模在1.8亿元以内的，转债价格基本上在115元以上。

剩余规模选取1.2亿元～1.8亿元的相对低价可转债，做低流通市值交易策略有更大的获胜概率，买入200元以上双高小市值可转债后，需确定好后续止损方案，130元以内的小规模可转债，下跌过程中可以10元一档进行补仓。

博弈小流通市值可以选择以固定涨幅止盈，如10%止盈；也可以设定涨幅条件，如单日内超过8%自动止盈。

小规模可转债一般交易习惯是选择可转债可交易流通规模在2亿元以内的，建仓标准1亿元以内的可转债价格为135元以下，1.5亿元以内的可转债价格为125元以下，2亿元以内的可转债价格为120元以下。

**笔者感悟：** 小市值可转债交易策略提前潜伏是比较安全的办法，守得云开见月明；大胆一点儿的投资人还可以通过做妖债启动而套利，每次交易要严格设置止损，需要特别关注按成交额从高到低排名前五和短时间内涨幅前五名的标的。

市场情绪表现在成交量上，当成交量能上来后，波动就会增加，日内交易不建议长时间持有，确定买入后持债时间不要超过五分钟。

# 第八章

# 可转债指数

可转债的指数有多种不同的编制方式，主流的编制方式有两种：分别是可转债等权指数和可转债非等权指数。了解可转债指数能够让投资者知道可转债市场处于什么样的估值分位，以大致判断可转债整体是被高估还是被低估状态。除此之外，可转债指数也是重要的收益对比曲线，能够帮助投资者判断自己的投资组合是否能够跑赢市场。

## 一、可转债非等权指数

什么是可转债非等权指数呢？以中证可转换债券指数（简称中证转债指数）为例，其样本由沪深交易所上市的可转换债券组成，采用市值加权计算，代表了沪深交易所可转换债券的整体表现。

中证可转换债券指数计算方式如下：

中证可转换债券指数=报告期样本债券总市值÷除数×100

报告期样本债券总市值=∑（全价×发行量）

全价=净价+应计利息

### 1. 定期调整

中证可转换债券指数样本每月调整一次，定期调整生效日为每月首个交易日，定期调整数据提取日为生效日前一个交易日。

### 2. 临时调整

若样本券发生暂停上市、摘牌等事件，视情况自事件生效之日起剔除出指数；若样本券发行人发布赎回公告，自赎回公告日后第5个交易日将该券剔除出指数；样本券发生其他事件，参照计算与维护细则处理。

作为投资者，需要了解的是，可转债发行规模越大，对于指数的影响越大，如浦发银行的可转债发行规模为500亿元，永吉转债发行规模为1.46亿元，两者相差498.54亿元，那么当永吉转债指数上涨342%时，相当于浦发银行可转债指数上涨1%。

中证转债指数开始于2002年12月31日，指数点为99.76，到2021年12月31日，其间涨幅为336.37%，如图8-1所示。

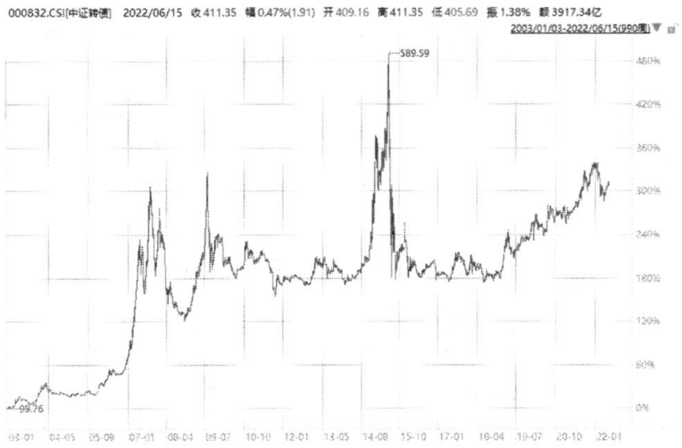


图8-1　中证转债指数自上市以来走势图

数据来源：Wind；截止时间：2022年6月15日。

但是，上述以市值权重计算的中证转债指数是完全失真的，因为其更侧重于反映大规模市值在可转债市场的表现，但恰恰银行发行的大规模可转债创造了市场最差收益率，因此，这让中证转债指数看起来更像是从债券的角度来衡量可转债市场，而非综合判断可转债创造的价值。

## 二、可转债等权指数

什么是可转债等权指数呢？

上面提到以市值权重计算的方式并不能衡量可转债真实的投资价值，如果不再以市值为权重，使每个可转债拥有一样的权重，对等权指数的影响相同，等权计量标的综合指数的实时行情就是可转债等权指数。

### 1. 万得可转债等权指数

万得可转债等权指数开始于2017年9月7日，指数点为100，到2021年12月31日为254.43点，其间涨幅为154.43%，如图8-2所示。

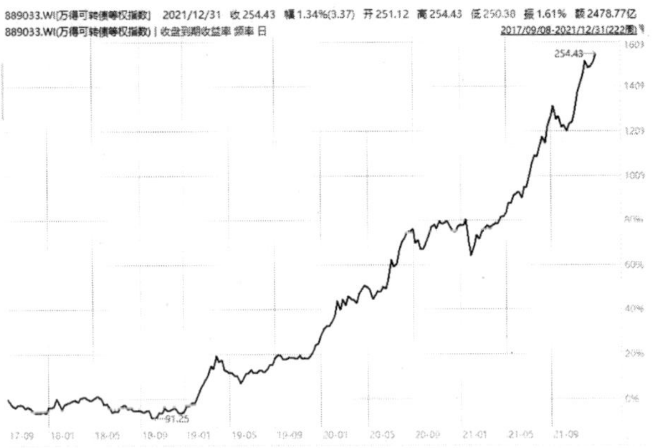


图8-2 万得可转债等权指数走势图

数据来源：Wind；截止时间：2021年12月31日。

显然，万得可转债等权指数有非常好的收益表现。在2018—2021四年多的时间里，它创造了154%的收益率，几乎跑赢了股票市场上的大多数指数，更加贴近可转债真实的盈利能力。

## 2. 集思录可转债等权指数

用可转债等权指数对比可转债收益率，更多的是用集思录可转债等权指数，下面展开介绍一下：

等权纳入全部上市交易的转债为成分；

2017年12月29日为基准日，基准点为1 000；

指数剔除停牌的可转债，复牌后再重新加入；

上市第二个交易日加入，退市剔除；

指数不计入利息。

有部分内容会造成指数价格偏低，如指数不计入利息、退市剔除（这里没有前面公告强赎剔除贴近市场）；有部分内容会造成指数价格偏高，如单个等权计算方式。不过，集思录可转债等权指数依然是目前可以比较好地反映可转债市场真实涨跌幅的指数。

从2017年12月29日集思录可转债等权指数为1 000点到2021年12月31日集思录可转债等权指数为2 073.26点，这一期间涨幅为107.33%，如图8–3所示。

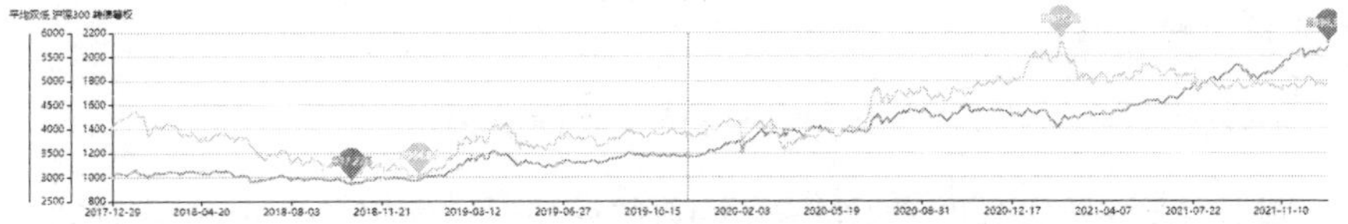

图8–3　集思录可转债等权指数走势图

数据来源：集思录；截止时间：2021年12月31日。

集思录可转债等权指数略低于前面万得可转债等权指数的涨幅，原因是两种计算等权时统计方式不一样。不可否认的是，过去几年全市场的可转债有非常好的收益率表现。

那么，有什么方式可以判断可转债指数的高低估状态呢？

目前市场上没有比较好的指标判断可转债指数的高低估状态，可以提供几个笔者对于市场整体判断的角度：

（1）转股溢价率，一直都不能很好地反映可转债指数的整体表现。为何这么说呢？

以单个转债为例，其在两种状态之下都会表现出高转股溢价率，一是可转债投资者对于未来极度看好，愿意以更高溢价率买入可转债；二是可转债投资者对于市场极度悲观，股票市场持续下跌，转股价值持续下降，导致可转债以债性状态呈现。前者是可转债泡沫化的存在，后者是可转债投资机会的存在。

可转债市场高溢价率是由以上两个部分组成的，问题是不能判断泡沫成分多还是机会成分多，因此说转股溢价率并不是一个衡量可转债市场被高估还是低估的指标。

（2）纯债YTM，相对来说能更好地衡量可转债市场的债券价值。

纯债YTM是以某价格买入可转债能够获得债券价值的回报。其主要影响因素有付息、时间，当可转债低于全部付息+面值的价格时，起码持有可转债是不会亏钱的；当可转债大于全部付息+面值的价格时，纯债YTM表现负值，长期持有可转债有可能会亏损。

可转债市场的YTM越高，代表投资亏损风险越小，存在的投资机会就越大；随着市场平均价格不断提高，纯债YTM并不能很好地衡量可转债市场高低估状态，长期维持负值。

（3）债性部分和股性部分，拆开看待可转债市场。

刚刚有说到转股溢价率不是一个很好的衡量可转债市场高低估状态的指标；从债性角度来看，用纯债YTM来判断可转债市场高低估状态，随着整体平均价格的提升，其实际参考价值不断递减，并不是衡量可转债市场高低估状态的好的指标。

笔者认为，可以考虑把可转债拆分为两个部分看待：债性部分和股性部分，以转股价值低于100元为债性部分转债，以转股价值高于100元为股性部分转债。

从债性角度判断可转债市场的相对估值，以转股价值低于100元为标准进行数据筛选，得到了298个可转债标的，其纯债YTM平均值为-1.00（数据来源：Wind；截至时间：2022年5月29日）。

考虑到极个别“妖债”转股价值低、转债价格高，剔除10个极值标的之后，其纯债YTM平均值为-0.11。这意味着债性部分组合以现在价格到期赎回仅能够取得负收益。从债性角度来说，可转债市场存在一些泡沫。

再看股性部分，从股性角度判断可转债市场的相对估值，以转股价值高于100元为标准进行数据筛选，得到了113个可转债标的，其转股溢价率平均值为20.77%（数据来源：Wind；截至时间：2022年5月29日）。

以转股溢价率衡量的可转债股性部分依然是高估状态，只有正股需要整体上涨20%才能够消化这部分泡沫，观察可转债对应正股及相关指数，通过股价上涨消化泡沫也是一件相对困难的事情。

无论是从债性的角度还是从股性的角度，当下的可转债市场均存在一定的泡沫，在一个高估市场进行对比和定价分析，得出的价格同样会偏离自身价值，因此，当下减少可转债资产配比是一个比较好的选择。

# 第九章

# 可转债基金

什么是可转债基金？

从字面的意思理解，向投资人募集资金投向可转债市场，称为“可转债基金”。向公众募资的基金叫作“公募可转债基金”；向专业投资者募资的基金叫作“私募可转债基金”。

## 一、公募可转债基金

从资金投向的角度来说，大多数的公募可转债基金是不纯粹的，募集资金仅有一部分投向可转债市场，甚至是很小的一部分。

以老牌可转债基金——兴全可转债为例，在其产品介绍中投资范围明确写到：

本基金投资范围是具有良好流动性的金融工具，包括国内依法公开发行上市的可转换公司债券、股票、国债及法律法规允许基金投资的其他金融工具。资产配置比例为：可转债30%～95%（其中，可转债在除国债之外已投资资产中的比例不低于50%），股票不高于30%，现金和到期日在一年以内的政府债券不低于基金资产净值的5%。

自然可转债基金对比基准指数不是单纯的中证转债指数或可转债等权指数，而是复合对比基准。如兴全可转债为中证可转换债券指数80%+沪深300指数×15% +同业存款利率×5%。

把兴全可转债叠加中证转债、沪深300指数进行对比，如图9-1所示。

图9-1　兴全可转债叠加中证转债、沪深300走势图

数据来源：Wind；截止时间：2021年12月31日。

自2018年1月1日至2021年12月31日期间，兴全可转债涨幅为62.93%、中证转债指数为54.25%、沪深300指数为22.56%，该基金能够获得超过对比基准的收益率，是投资公募基金非常好的选择。

兴全可转债跑赢可转债等权指数就有一点儿困难，前面有介绍等权指数能够更好地反映可转债市场涨跌幅，同样是2018年1月1日至2021年12月31日期间，万得可转债等权指数涨幅就达到了惊人的171.89%，把各类公募基金远远甩到后面。

其实，大多数公募可转债基金在资金配置条款内容写的差别并不大，一部分投资股票、一部分投资可转债、一小部分现金资产，多数并没有明确投向可转债市场的比例，更像是一只以可转债命名的基金，而非投资可转债的基金。

过去几年，可转债市场整体表现非常好，而可转债公募型基金实际持有的可转债占总资产的比例并不高，导致了2018年以来大多数的可转债公募型基金跑不赢可转债等权指数。

从调用数据来看，自2018年1月1日以来，回报最高的可转债公募基金是鹏华可转债A，收益率为86.72%，如表9-1所示。

**表9-1　可转债公募基金表现**

| 证券代码 | 证券简称 | 基金简称 | 基金成立日 | 成立以来回报［是否年化］否［交易日期］最新［单位］% | 区间回报［是否年化］否［起始交易日期］2018-01-01［截止交易日期］最新 |
|---|---|---|---|---|---|
| 000297.OF | 鹏华可转债 A | 鹏华可转债 A | 2015-02-03 | 59.8336 | 86.7215 |
| 240018.OF | 华宝可转债 A | 华宝可转债 A | 2011-04-27 | 60.1100 | 75.5400 |
| 360013.OF | 光大添益 A | 光大添益 A | 2011-05-16 | 138.3242 | 70.5502 |
| 360014.OF | 光大添益 C | 光大添益 C | 2011-05-16 | 130.1367 | 68.2719 |
| 000536.OF | 前海开源可转债 | 前海开源可转债 | 2014-03-25 | 98.1711 | 65.2381 |
| 110035.OF | 易方达双债增强 A | 易方达双债增强 A | 2011-12-01 | 132.6403 | 59.1484 |
| 050019.OF | 博时转债增强 A | 博时转债增强 A | 2010-11-24 | 108.2467 | 58.7156 |
| 005273.OF | 华商可转债 A | 华商可转债 A | 2017-12-22 | 57.7800 | 57.5280 |

续表

| 证券代码 | 证券简称 | 基金简称 | 基金成立日 | 成立以来回报［是否年化］否［交易日期］最新［单位］% | 区间回报［是否年化］否［起始交易日期］2018-01-01［截止交易日期］最新 |
| --- | --- | --- | --- | --- | --- |
| 110036.OF | 易方达双债增强 C | 易方达双债增强 C | 2011-12-01 | 123.6996 | 56.8339 |
| 050119.OF | 博时转债增强 C | 博时转债增强 C | 2010-11-24 | 101.6044 | 56.1335 |

数据来源：Wind；截止时间：2022 年 6 月 7 日。

把鹏华可转债A叠加可转债等权指数进行对比，如图9-2所示。

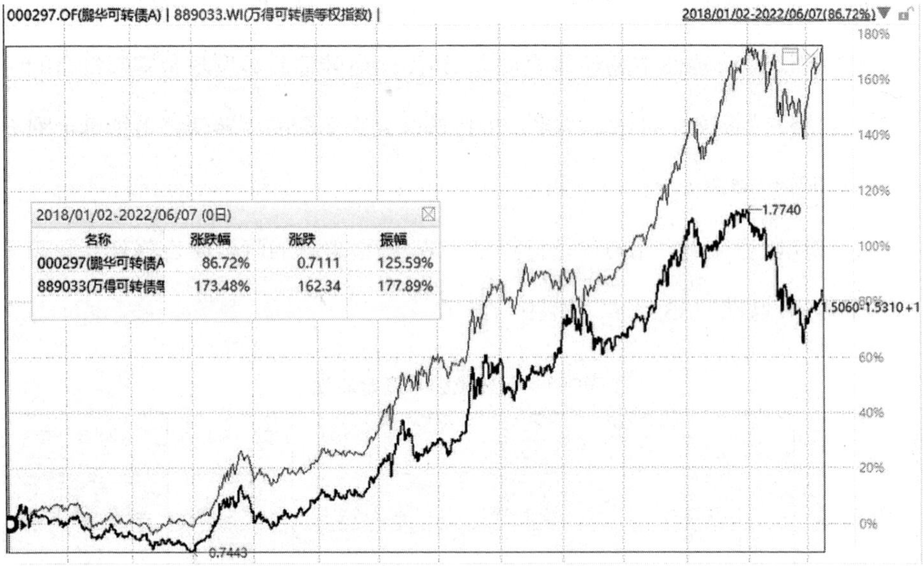


图9-2　鹏华可转债A基金叠加可转债等权指数

数据来源：Wind；截止时间：2021年6月7日。

2018年1月2日至2022年6月7日，鹏华可转债A基金的涨幅为86.72%，万得可转债等权指数的涨幅为173.48%。从收益的角度来看，鹏华可转债A已经是收益率最高的可转债基金了，但其涨幅却仅有万得可转债等权指数的一半。

在鹏华可转债A基金的产品介绍投资范围中写到：

本基金对债券的投资比例不低于基金资产的80%，投资于可转换债券（含分离交易可转债）的比例合计不低于非现金基金资产的80%，股票等权益类品种的投资比例不超过基金资产的20%；现金或到期日在一年以内的政府债券的投资比例不低于基金资产净值的5%。如法律法规或中国证监会变更投资品种的投资比例限制，基金管理人在履行适当程序后，可以调整上述投资品种的投资比例。

现在我们可以知道鹏华可转债A能够跑赢其他可转债类公募型基金的原因是，该基金有更多的资金投向可转债市场，获得收益大于同类可转债基金。

虽然鹏华可转债A跑不赢可转债等权指数，但是其能够跑赢基金市场大多数的公募基金，我们可以叠加沪深300、中证1000、创业板指数对比，如表9-2所示。

**表9-2　鹏华可转债A叠加主流指数**

| 2018-01-02—2022-06-07 | | | |
|---|---|---|---|
| 名　称 | 涨跌幅 | 涨　跌 | 振　幅 |
| 鹏华可转债 A | 86.72% | 0.71 | 125.59% |
| 沪深 300 | 3.68% | 148.28 | 74.30% |
| 中证 1000 | -5.98% | -419.52 | 57.24% |
| 创业板指 | 45.76% | 801.98 | 136.43% |

数据来源：Wind；截止时间：2022 年 6 月 7 日。

显然，鹏华可转债A在公募基金领域是非常好的基金，它能够跑赢大多数的公募基金收益，这是事实。如果不想因投资可转债而那么累，可转债公募基金也是一个不错的选择。

## 二、私募基金

笔者出于自身工作的原因，经常会接触一些私募基金，对私募基金投资有一些个人的感悟。先来讲一个小故事，有一次拜访一位投资高手，他一直提到一个词语，叫作起心动念。

笔者认为这个词可以用来判断任何人做任何事情，从他想要得到的结果去思考他做一件事情的初衷，无论是公募基金，还是私募基金，都是为了利益而存在。

公募基金的利益主要来自基金规模管理费和一定的业绩报酬，公募基金会通过各种方式把基金规模做大，如投广告、开路演、合作分润，从利益的角度来说，公募基金更像是在特定商业模式之下生产经营；私募基金的利益主要来自基金的业绩报酬和一定的规模管理费，私募基金想要获得更高的收益，就需要把产品的净值做好，以便之后募集更多钱来获得更多的业绩报酬，一部分私募基金管理人确实为投资者带来了超额的利润。

私募基金不能够对外公开宣传募资，下面简单聊聊几个挑选可转债私募基金的角度，仅供参考：

（1）与可转债等权指数对比，只有跑赢可转债等权指数才是一只合格的可转债基金。

公募可转债基金在投资范围、风险控制方面有要求，简单地说，不能够跑赢可转债等权指数是情有可原的，私募基金对这方面的限制较小，因其以追求收益为目标，可转债私募基金更有动力跑赢可转债等权指数。

（2）收益要比可转债等权指数高，回撤要比可转债等权指数低。

可转债等权指数过去有很大的涨幅，作为专业的可转债基金管理人，应该可以获得超过平均涨幅的回报，通过策略和模型去提高收益率，并以资金管理和组合管理去控制产品的回撤。

一只优秀的可转债基金产品，其净值表现应超过可转债等权指数，回撤应小于可转债等权指数。投资不看PPT，净值走势就是最好的体现。

**小提示**：在可转债市场，不要和投资者解释你是怎么赚的，只要做给他们看就好了。

(3)夏普比率，越高越好。

夏普比率(Sharpe Ratio)，又被称为“夏普指数”——基金绩效评价标准化指标，计算公式如下：

$$\text{Sharpe Ratio}=\frac{E(R_P)-R_f}{\sigma_P}$$

式中　$E(R_P)$——投资组合预期年化报酬率；

$R_f$——年化无风险利率；

$\sigma_P$——投资组合年化报酬率的标准差。

夏普比率是计算投资组合每承受一单位总风险，会产生多少的超额报酬的方法。若值大于1，代表基金报酬率高过波动风险；若值小于1，代表基金报酬率低于操作风险。

夏普比率越高越好，长期看一只基金产品的夏普比率维持在1.5以上，那它就是一只优秀的私募基金产品。

## 三、少即是多，大道至简

### 1. 厌恶复杂

复合策略是一把双刃剑，可能会获得更多的收益，也可能两手空空，最后什么都没有得到。在写网格使用方式时提到一句话：虽然网格适用于震荡行情，但判断震荡行情和判断股价涨跌一样，都是不可能事件。

常用的几种可转债复合策略如下：

（1）债券+可转债的复合策略

该策略类似于“固收+”的方式，一些高评级可转债其风险小、收益好，可以作为公司债、金融债等债券的替代品，同时有获得超额收益的可能。债券型基金配置可转债基本是这个思路，从可转债债性角度选择买入替代债券。

（2）股票+可转债的复合策略

该策略思路非常简单：当可转债市场表现高估，减少可转债配置、增加股票配置，以获得更高的收益；当股票市场表现高估，增加可转债配置、减少股票配置，以规避市场的风险。

该策略最大的问题是，判断股票市场和可转债市场高低估状态是一件困难的事情。大多数的公募资金是“股票+可转债”的复合策略，从过去的收益数据来看，此类公募基金大多数跑不赢可转债指数。

（3）期权+可转债的复合策略

该策略属于对冲型策略，以期权工具去对冲可转债市场高估的风险，当可转债市场高估的时候，以期权配置来增强整个组合的收益率。

常见的方式有沪深300期权+可转债、中证500（场外）+可转债，笔者认为两者实际相关性很差，尤其是在出现极端的情况时，可能会两端扑空。

此类策略过于依赖基金经理的个人能力及其对于市场走势的判断，原本可转债市场有非常高的贝塔收益（自身增长收益），灵活运用“保守策略”和“进攻策略”也能够获得同样的效果，有时候越简单的策略反而越会更长久的存在。

复合策略在归因收益来源时会比较麻烦，无法知道哪一部分收益来自可转债、哪一部分收益来自其他策略。

举例说明：

2021年，投资人A想要投资一只可转债基金产品，该产品策略主打“可转债底仓和日内T+0交易”组合。当年，该基金产品获得了30%的收益率，对比其他股票基金产品是非常好的收益，而对于可转债本身来说，却并不是一个好的产品。当年，万得可转债等权指数增长了43.53%，换句话说，该基金并没有跑赢可转债等权指数，其主要的收益来自可转债市场自身增长，超额收益T+0交易部分是负值。还有一个导致笔者不喜欢可转债类型的复合策略的重要原因是，其融入其他策略的交易成本贵且管理费高于单纯可转债基金，如可转债交易成本一般在十万分之五，而叠加股票、期权策略的交易成本一般在千分之一以上。

## 2. 偏好简单

读了前面几章可知，一个可转债基金产品可以通过分配不同的仓位，在不同的策略上实现对产品收益、回撤的动态进行管理。

单纯地只持有可转债基金更加容易知道基金经理的水平，产品下跌的时候比可转债等权指数跌得少，产品上涨的时候比可转债等权指数涨得多，这就是一只优秀的基金产品。你甚至不需要懂得该基金产品用的是什么策略，只需要学会对比可转债市场的变化。

你可能知道巴菲特是价值投资的鼻祖，但你不一定知道他钟爱可转债，在他一生的投资历程中，可转债帮助他度过了几次投资危机，可转债符合巴菲特的投资理念：“第一，不要赔钱；第二，永远记得第一点。”

当你发现了可转债的投资价值之后，就会明白它是A股最好的投资品种之一。当你经历过一场牛熊投资周期之后，无论你买的是股票、基金、期货还是期权，你会意识到一个深刻的道理：投资的尽头是可转债。

2017年以来，无论是可转债公募型基金产品还是可转债私募型基金产品，都获得了非常好的投资回报，跑赢了市场上大多数其他的基金产品。因此，每一年都会有投资者问我：还可以买可转债基金吗？

我会这样回答："2018年、2019年、2020年、2021年、2022年都有人问我这个问题，我想到了2023年依旧会有人问这个问题，只要可转债市场存在，就会有人问这个问题。可转债产品的机会主要来自可转债市场本身，当所谓的机会到来的时候，你只有冲上去做到了，它才是你的机会，否则就是你的失败。"

# 第十章

# 判断买入可转债

本章讲解的内容是笔者买入可转债的核心逻辑——对比分析定价，该方法不仅仅应用于可转债上市定价，可以说涵盖了可转债从发行到退市的全过程，对比分析的思路简单，可适用于大多数可转债投资者。

## 一、可转债预案指数

可转债预案指数是一个比较小众的指数，也是一个等权指数，该指数样本可转债主要披露了可转债发行预案但尚未实施完成的公司。

剔除说明：

（1）已实施、审核未通过、发行失败的公司；

（2）预案披露后超过12个月依然未实施的公司；

（3）ST股。

该可转债预案指数有什么作用呢？

在“抢权配售”章节中讲到了发行可转债的条件，在A股市场能够发行可转债本身就是属于整个市场排名前二分之一的优秀公司，可转债发行不仅需要经过层层审核，更是一个优中选优的过程。

通俗地讲：一个公司可以发行可转债，能够在未来四年把原本公司积累的财产全部亏完到破产，这本身就是一件非常困难的事情。

看看可转债预案指数的PE/PB历史变化，如图10-1所示。

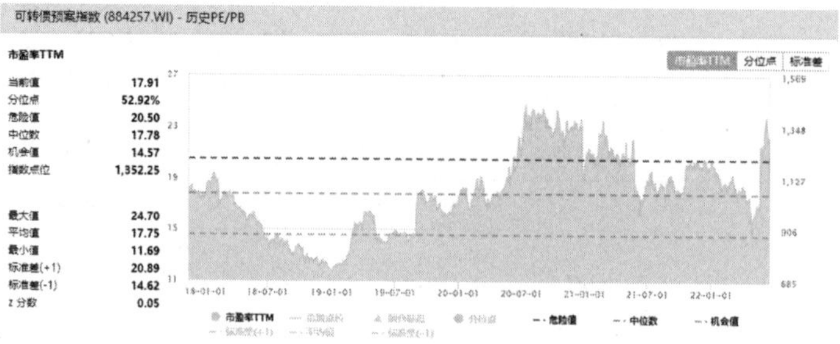


图10-1　可转债预案指数历史PE/PB

数据来源：Wind；截止时间：2022年6月15日。

过去五年（2017—2021年）的历史数据，市盈率（PE）TTM型最高为24.7倍、最低为11.69倍，可转债预案指数的估值并不高，再看该指数过去三年（2019—2021年）平均净资产收益率大于10%，则表示其盈利能力非常好。从盈利能力的角度来说，发行可转债并使其在未来六年上涨30%达到强赎要求，一开始就是大概率事情。

在2017年12月31日至2021年12月31日期间，把可转债预案指数与上证指数、沪深300指数、中证1000、国证2000等指数叠加对比，可转债预案指数能够跑赢大多数指数，更加能够说明一点，即能够发行可转债的上市公司原本就是属于A股市场中优秀的一部分。

其中，可转债预案指数上涨49.29%、上证指数上涨10.06%、沪深300指数上涨22.56%、中证1000指数上涨14.15%、国证2000指数上涨23.44%，如图10-2所示。

图10-2　可转债预案指数叠加主流指数走势图

数据来源：Wind；截止时间：2021年12月31日。

无论是发行可转债需要有苛刻的条件，还是过去几年可转债预案指数优秀表现，都说明了两个重点内容：

（1）可转债违约是一件非常困难的事情，一旦开始发行就难以违约，至今也没有发生过实质性违约事件；

（2）抢权配售是一种可以参与的手艺，原本发行可转债是质地较优秀的公司，而抢权配售则是优中选优的过程，获得收益的概率更大一些。

## 二、上市定价

在讲上市定价之前，先简单讲一下对比分析法。对比分析可以说贯穿了整个可转债的一生。

对比分析法也叫作“比较分析法”，是把客观事物加以比较，以达到认识事物的本质和规律并做出正确的评价；而可转债的对比分析则是把影响要素（转股价值、行业、规模）等加以对比得到可转债在当下市场的相对价格，并做出相应的卖出或买入判断。

可转债对比分析法一般采用以下四种对比方法：

（1）绝对价值对比，通过纯债价值、纯债YTM等债券指标进行对比定价；

（2）相对价值对比，通过转股价值、行业、规模等因素进行对比定价；

（3）静态对比，在某一时间条件下，对不同指标进行比较，如在2021年2月份进行不同指标的对比，进而筛选出可转债；

（4）动态对比，在同一总体条件下，与不同时期指标数值做比较，如溢价率不高于10%、转股价值不高于130，在两个不同时间段进行对比，进而判断市场的变化。

以上四种方法可以单独使用，也可以结合使用。单独使用得到对比情况，结合起来进行对比，得到相对对比情况，更加形象生动。

基于对比分析法的特征，可以直观看出可转债某方面的变化或者差别，以数据方式反映出这种变化或差距，可以得到可转债对比分析定价过程。重要的是，对比分析往往得到的是价格，而非价值本身。

可转债上市定价是所有可转债投资者都关注的价格。当价格低于定价，考虑买入一些套利；当价格高于定价，考虑卖出赚一部分泡沫收益。可转债上市定价一般采用以下三种方式：

## 1. 绝对价值对比，也称为"纯债价值定价"

截至2022年2月25日，对比上银转债、浦发转债价格如下：

上银转债，其转股价值为61.3元、纯债价值为102.53、转债价格为104.4元；

浦发转债，其转股价值为55.8元、纯债价值为104.21、转债价格为105.1元。

通过以上对比可以知道，浦发转债价格高于上银转债，主要原因是浦发转债的纯债价值较高，纯债价值支撑了浦发转债的价格。

当可转债转股价值非常低且导致呈现出债券性质时，用纯债价值定价会更加合理，这种定价方式常常用于银行转债、国企类转债、高付息转债等可转债上市定价。

以本钢转债为例，其付息为第一年为0.6%、第二年为0.8%、第三年为1.5%、第四年为2.9%、第五年为3.8%、第六年为5.0%……最后一年公司将以本次可转债票面面值的119%（含最后一期利息）的价格向投资者赎回全部可转债券。

上市之前，本钢转债面值对应的YTM为4.41%，高于AAA评级企业债的YTM（3.84%），如果采用纯债价值贴现计算，可以得到本钢转债的纯债价值为103元，高于其面值。理论上采用绝对价值定价方式得到的本钢转债上市价格应该不低于103.16元。

市场会给所有的投资者开玩笑，让那些以为能够赚钱的投资者亏得最多，本钢转债就是这样一个案例。理论上本钢转债上市的价格应该不低于103.16元，而本钢转债上市很快就破发了，之后价格一路下跌，最低跌到73.16元，推翻了前面绝对价值的定价方式。

这并不是对比分析定价方式出了问题，而是市场对于价值理解出了问题。如果对于本钢转债有期望，那么此刻是投资可转债难得的机会，之后本钢转债按照常规一路从73元涨到最高145元，如图10–3所示。

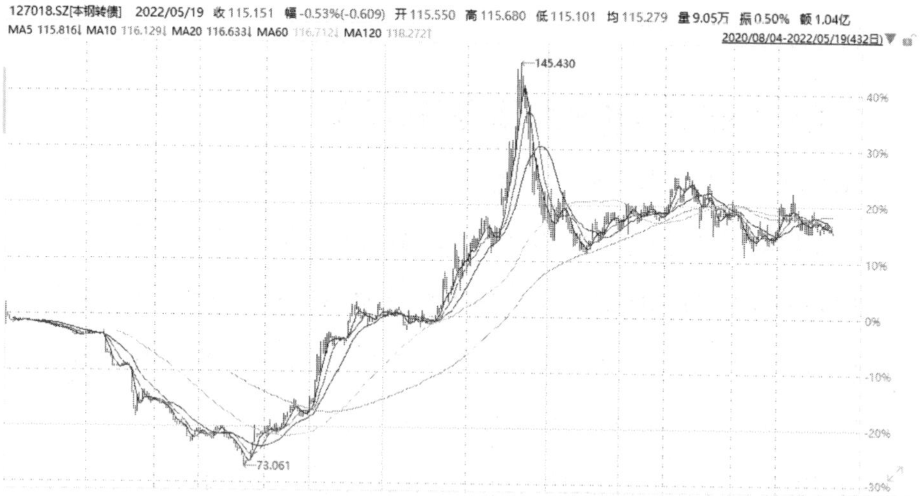


图10–3　本钢转债价格走势图

数据来源：Wind；截止时间：2022年5月19日。

本钢转债也验证了前面在介绍纯债价值讲到的一个观点：纯债价值是可以跌破的，即使跌破了，除了等待可转债到期，市场也没有修正的方式。

本钢转债一开始就跌破了纯债价值，说明此时本钢转债比同评级债券有更高的付息价值，但两者的收益率差需要通过六年时间去获得，相比当时遍地是黄金的可转债市场，这难免有些画饼充饥。

**小提示：**仅有少部分投资者对于纯债价值有期望，在本钢转债赚得巨额回报时，市场不允许大多数人能够赚钱，仅仅小部分的投资者能够获得超额收益。

## 2. 相对价值对比，也称为“转股价值定价”

相对价值对比属于多数可转债上市定价分析，在各大社区、网站、公众号、券商研报等看到的可转债上市定价多采用相对价值对比分析。影响可转债上市的主要因素有三个：转股价值、规模、行业。

以成都银行发行成银转债为例，罗列关键词：转股价值、规模、行业（区域银行），采用对比分析定价如下：

成银转债，其转股价值为99.24元、80亿元规模、区域银行。

可参考的同类可转债有：

无锡转债、转股价值为96.61元、价格为114.55元、区域银行；

南银转债、转股价值为102.77元、价格为118.04元、区域银行。

通过以上两个相似数据对比，可以得到可转债上市价格在114.55～118.04元，取中间值在116元左右，如图10-4所示。

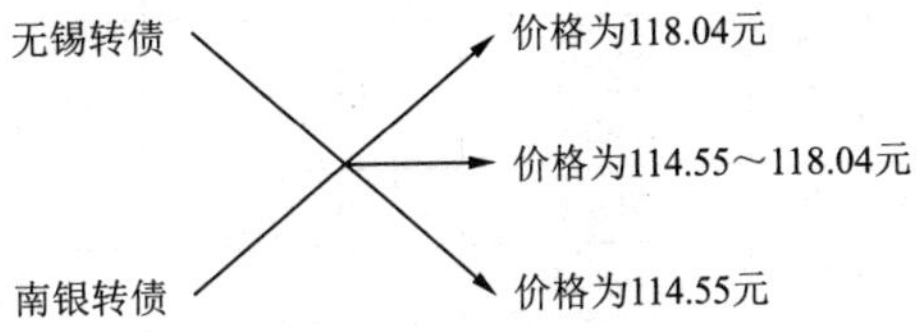


图10-4　成银转债上市定价

对成银转债进行对比定价分析，先确定了同行业、同规模两个因素，再以转股价值区间确定成银转债的价格区间，这种转股价值定价方式可用于大多数可转债的上市定价。

## 3. 特殊情况之下可转债上市定价——小规模可转债

市场给小规模定价的依据五花八门，但归因后只有一个影响因素——规模，以永吉转债上市为例。

小规模可以分为发行规模、剩余规模、实际流通规模，实际流通规模是需要重点关注的。永吉转债的发行规模为1.46亿元，扣除董监高管理层6个月之内不能减持的部分之后，预计实际流通规模不到8 000万元（董监高及亲属也是属于监管范围，因此不能交易）。

以规模因素对于永吉转债做一个定价，参考7 000万～9 000万元规模在可转债市场价格区间，预计永吉转债在可转债市场泡沫价格会在240元左右，如表10-1所示。

**表10-1 小规模转债对应价格统计表**

| 名 称 | 正股名称 | 最新（元） | 转股价值（元） | 转股溢价率（%） | 债券余额（亿元） | 剩余期限（年） |
|---|---|---|---|---|---|---|
| 横河转债 | 横河精密 | 480.46 | 78.87 | 5.09 | 0.38 | 2.19 |
| 盛路转债 | 盛路通信 | 278.00 | 94.43 | 1.94 | 0.53 | 2.17 |
| 晶瑞转债 | 晶瑞电材 | 364.30 | 238.37 | 0.53 | 0.53 | 3.29 |
| 溢利转债 | 溢多利 | 260.00 | 117.33 | 1.22 | 0.54 | 2.60 |
| 天铁转债 | 天铁股份 | 273.30 | 215.28 | 0.27 | 0.59 | 3.84 |
| 广电转债 | 广电网络 | 240.73 | 88.21 | 1.73 | 0.71 | 2.12 |
| 通光转债 | 通光线缆 | 192.89 | 98.36 | 0.96 | 0.78 | 3.47 |
| 天康转债 | 天康生物 | 184.50 | 124.05 | 0.49 | 0.86 | 1.60 |
| 东时转债 | 东方时尚 | 134.38 | 43.46 | 2.09 | 0.98 | 3.90 |
| 蓝盾转债 | *ST 蓝盾 | 184.56 | 22.97 | 7.03 | 1.00 | 2.24 |
| 寿仙转债 | 寿仙谷 | 187.32 | 176.67 | 0.06 | 1.00 | 4.07 |
| 石英转债 | 石英股份 | 482.49 | 483.46 | 0.00 | 1.02 | 3.45 |
| 蓝晓转债 | 蓝晓科技 | 320.00 | 246.99 | 0.30 | 1.07 | 3.07 |
| 凯发转债 | 凯发电气 | 137.50 | 86.46 | 0.59 | 1.16 | 1.20 |
| 万顺转债 | 万顺新材 | 159.60 | 143.26 | 0.11 | 1.22 | 2.18 |
| 横塑转债 | 横塑科技 | 159.81 | 60.91 | 1.62 | 1.31 | 1.05 |
| 中矿转债 | 中矿资源 | 592.41 | 574.43 | 0.03 | 1.37 | 4.07 |
| 文灿转债 | 文灿股份 | 236.48 | 212.71 | 0.11 | 1.40 | 3.07 |
| 乐歌转债 | 乐歌股份 | 130.80 | 33.20 | 2.94 | 1.42 | 4.43 |
| 金农转债 | 金新农 | 144.60 | 93.94 | 0.54 | 1.46 | 1.81 |
| 永吉转债 | 永吉股份 | | 82.76 | | 1.46 | 5.91 |
| 联得转债 | 联得装备 | 125.46 | 64.02 | 0.96 | 1.47 | 3.61 |

数据来源：Wind。

虽然不提倡大家去参与昙花一现的泡沫，但是了解小规模定价分析可以帮助中签的投资者明白泡沫也是有价值的，能够获得远超预期的收益。只要可转债市场有想象力的投资者越多，那么类似永吉转债的泡沫价格就会越高。

**小提示：**永吉转债的价值是可以预估的，但泡沫的尽头是无法预估的。

## 三、转债定价

对比分析定价方法不仅可以用于可转债上市定价，在日常的可转债投资中也常常被用到。

前面有提到过静态的对比分析和动态的对比分析，提议下修和下修后的可转债比较适合用静态的对比分析，而以自身过去的转股价值对比当时得到可转债理论价格则更适合用动态对比分析，以华兴转债为例。

2022年5月18日华兴转债董事会提议下修，华兴转债价格为116.15元，预计完全下修后华兴转债的转股价值为90～95元，对应过去华兴转债的转股价值，如表10-2所示。

表10-2　华兴转债历史转股价值数据

| 日　期 | 收盘价（元） | 转股价值（元） | 转股溢价率（%） |
|---|---|---|---|
| 2022-01-17 | 133.08 | 95.96 | 38.69 |
| 2022-01-18 | 132.10 | 94.69 | 39.51 |
| 2022-01-20 | 132.37 | 94.46 | 40.14 |
| 2022-01-10 | 133.13 | 94.30 | 41.17 |
| 2022-01-19 | 131.64 | 93.77 | 40.39 |
| 2022-01-12 | 132.05 | 93.44 | 41.32 |
| 2022-01-11 | 132.23 | 93.06 | 42.09 |
| 2022-01-05 | 130.07 | 92.80 | 40.15 |
| 2022-01-07 | 130.98 | 92.30 | 41.91 |
| 2022-01-13 | 130.96 | 91.99 | 42.36 |
| 2022-01-06 | 131.19 | 91.99 | 42.61 |
| 2021-12-22 | 127.87 | 91.53 | 39.70 |

续表

| 日　期 | 收盘价(元) | 转股价值(元) | 转股溢价率(%) |
| --- | --- | --- | --- |
| 2022-01-04 | 130.40 | 91.48 | 42.54 |
| 2021-12-21 | 127.92 | 91.38 | 39.99 |
| 2021-12-31 | 129.86 | 91.20 | 42.39 |
| 2022-01-14 | 131.11 | 90.64 | 44.64 |
| 2021-12-30 | 128.21 | 90.06 | 42.36 |
| 2021-12-23 | 128.03 | 90.01 | 42.24 |

参考过去同转股价值给华兴转债定价，完全下修之后的价格区间在127～133元，考虑到存在不完全下修的可能，较前面会有一定下调，预计提议下修之后，华兴转债市场价格为122～124元。

完全下修之后，也可以用类似的对比方式对可转债进行定价分析，用于判断相对于过去的市场现在价格孰高孰低。

以正邦转债为例，根据2022年5月20日公告，其转股价由14.77元向下修正到6.08元，属于下修到底。

此时，可以通过对比分析推算正邦转债的大致价格，其转股价值=股价÷转股价×100=5.93÷6.08×100=97.53（元），对比过去正邦转债的转股价值，预计市场价格在110元左右，如表10-3所示。

**表10-3　正邦转债历史转股价值**

| 日　期 | 价　　格(元) | 转股价值(元) |
| --- | --- | --- |
| 2021-03-30 | 112.52 | 99.03 |
| 2021-03-29 | 111.40 | 98.84 |
| 2021-04-02 | 109.52 | 97.99 |
| 2021-03-31 | 111.00 | 97.93 |
| 2021-04-09 | 108.31 | 97.41 |
| 2021-04-12 | 108.30 | 97.02 |
| 2021-04-08 | 108.25 | 96.76 |
| 2021-04-07 | 108.10 | 96.38 |
| 2021-04-13 | 108.21 | 96.31 |
| 2021-04-06 | 108.24 | 96.25 |
| 2021-04-29 | 108.60 | 96.12 |

数据来源：Wind。

当时，市场很多预测可能对于正邦转债短期价格过于乐观，有的看到115+元，更甚会看到120+元，如果了解对比分析定价就可以知道正邦转债合理的市场价格，方便买入或卖出的交易。

## 四、筛选转债

影响转股溢价率三个重要的因素：转股价值、规模、行业。其中转股价值、规模两个因素是不能单独作为指标进行估值的，而行业是可以通过选股因子方式判断其相对价值的，盈利增速越高的股票，其对应可转债转股溢价率越高，如图10-5所示。

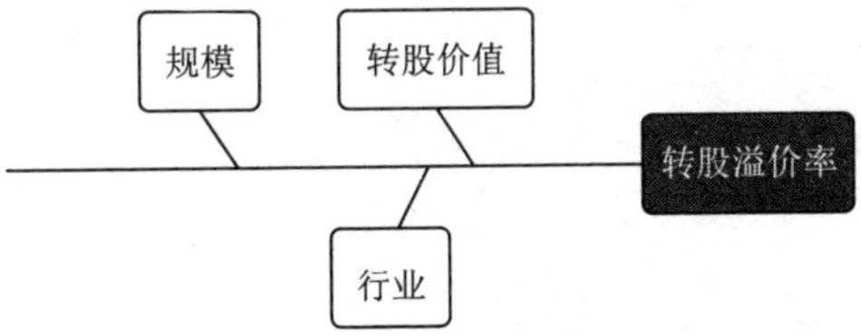


图10-5　转股价值、规模、行业与转股溢价率关系

转股价值是股价对比转股价的结果，并无其他的内涵，也没有表达股票本身贵还是便宜。如200元的转股价值与300元的转股价值两者并无差别，有可能200元转股价值所对应的正股估值（PE）低于300元转股价值的估值（PE），因而转股价值并不能衡量可转债是贵了还是便宜了。

规模因素对于溢价率的影响主要体现在小规模转债容易被炒作上，因而造成小规模转债相对溢价率高，这种现象在可转债规模低于3亿元时较明显，规模越大，对转股溢价率的影响越小。

行业对溢价率影响主要体现在行业本身，如盈利能力、市场热度、成长空间等因素都会造成某行业溢价率的不同。半导体、计算机、医药等高增长行业发行可转债的转股溢价率高于环保、公共事业、建筑园林等低增长行业发行的可转债的转股溢价率，但行业本身具有相对低估与高估的特点，可以通过选股的方式判断。

以养殖行业为例，养殖行业属于周期性行业，在市盈率高时，对应股价低位；在市盈率低时，对应股价高位。其原因是周期股受产品价格影响大，市盈率低往往会对应产品市场高价，高价暴利不可持续，产品价格不断下降，利润不断下滑对应的市盈率不断上升，因而周期股对应的市盈率高是股价低位。

当下养殖行业对应的市盈率已经达到历史新高，对应的正股标的也已经腰斩，部分标的已经腰斩再腰斩了，侧面意味着股价未来往上走的概率越大，如图10-6所示。

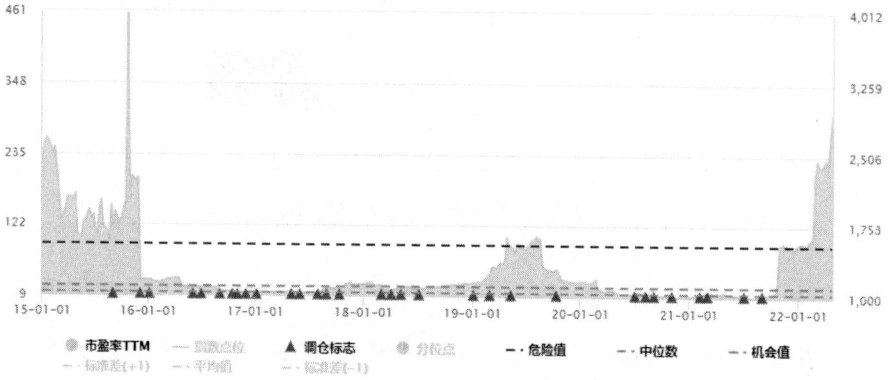


图10-6　养殖行业市盈率变化图

数据来源：Wind；截止时间：2022年5月24日。

养殖行业是一个价格上涨空间较大的行业，未来有较大的增长空间，以养殖行业为基础能够筛选出相关的可转债，如表10-4所示。

**表10-4 养殖行业相关可转债统计**

| 名　称 | 正股名称 | 最新(元) | 转股价值(元) | 转股溢价率(%) | Wind四级行业 | 到期赎回价(元) | 剩余期限(年) | 债券评级 |
|---|---|---|---|---|---|---|---|---|
| 华统转债 | 华统股份 | 151.76 | 143.54 | 5.72 | 食品加工与肉类 | 108 | 3.88 | AA |
| 正邦转债 | 正邦科技 | 111.35 | 99.34 | 12.09 | 食品加工与肉类 | 110 | 4.07 | AA |
| 金禾转债 | 金禾实业 | 191.17 | 167.37 | 14.22 | 食品加工与肉类 | 106 | 1.44 | AA |
| 龙大转债 | 龙大肉食 | 122.35 | 104.85 | 16.69 | 食品加工与肉类 | 115 | 4.14 | AA |
| 牧原转债 | 牧原股份 | 124.00 | 101.74 | 21.88 | 食品加工与肉类 | 107 | 5.23 | AA+ |
| 希望转2 | 新希望 | 119.09 | 97.16 | 22.57 | 农产品 | 107 | 5.44 | AAA |
| 温氏转债 | 温氏股份 | 122.20 | 99.60 | 22.69 | 食品加工与肉类 | 108 | 4.85 | AAA |
| 傲农转债 | 傲农生物 | 129.91 | 104.80 | 23.96 | 农产品 | 116 | 4.79 | AA |
| 禾丰转债 | 禾丰股份 | 112.17 | 79.94 | 40.32 | 农产品 | 112 | 5.91 | AA |
| 宏辉转债 | 宏辉果蔬 | 118.93 | 79.84 | 48.95 | 农产品 | 112 | 3.76 | AA- |
| 希望转债 | 新希望 | 113.24 | 71.09 | 59.30 | 农产品 | 106 | 3.61 | AAA |
| 金农转债 | 金新农 | 141.00 | 88.46 | 59.40 | 农产品 | 106 | 1.79 | AA- |
| 巨星转债 | 巨星农牧 | 113.04 | 68.03 | 66.17 | 食品加工与肉类 | 110 | 5.92 | AA- |
| 天康转债 | 天康生物 | 206.10 | 121.08 | 70.22 | 农产品 | 108 | 1.58 | AA |
| 新乳转债 | 新乳业 | 109.00 | 60.58 | 79.91 | 食品加工与肉类 | 110 | 4.57 | AA |

数据来源：Wind；截止时间：2022年5月24日。

养殖及相关行业一共有15只可转债，溢价率越低代表相对性价比越高，其中正邦转债、华统转债、龙大转债转股溢价率较低，考虑到华统转债有一定的强赎风险，当下市场正邦转债、龙大转债是养殖行业最具有性价比的可转债。

养殖行业比较特殊属于周期性波动行业，化工、金属、钢铁等行业也有类似的状况。

采用选股因子对行业选择，当选出一个行业是低估值，该行业可转债更加具有投资价值。

以PCB（中信）行业指数为例，过去三年该指数净资产收益为：2021年14.43%、2020年12.84%、2019年14.37%（一般来说，长期回报率等于长期净资产收益率），这意味着靠公司本身盈利能力，可转债也能够轻松完成强赎。选择高增长行业发行可转债就是优中选优的过程，获得超额收益是大概率事件。

与PCB及相关行业可转债，以转股溢价率做排序，如表10-5所示。

表10-5 PCB行业可转债统计

| 名　称 | 正股名称 | 最新(元) | 转股价值(元) | 转股溢价率(%) | Wind四级行业 | 到期赎回价(元) | 剩余期限(年) | 债券评级 |
|---|---|---|---|---|---|---|---|---|
| 艾华转债 | 艾华集团 | 144.62 | 124.32 | 16.33 | 电子元件 | 106 | 1.77 | AA |
| 火炬转债 | 火炬电子 | 186.31 | 158.96 | 17.21 | 电子元件 | 110 | 4.01 | AA |
| 江丰转债 | 江丰电子 | 133.20 | 106.59 | 24.96 | 电子元件 | 115 | 5.22 | A+ |
| 明电转债 | 明阳电路 | 117.92 | 87.23 | 35.18 | 电子元件 | 115 | 4.56 | AA- |
| 长信转债 | 长信科技 | 146.73 | 105.12 | 39.58 | 电子元件 | 110 | 2.82 | AA |
| 洁美转债 | 洁美科技 | 120.10 | 84.44 | 42.24 | 电子元件 | 112 | 4.45 | AA- |
| 世运转债 | 世运电路 | 120.43 | 82.23 | 46.46 | 电子元件 | 110 | 4.66 | AA |
| 联创转债 | 联创电子 | 130.37 | 88.85 | 46.73 | 电子元件 | 110 | 3.81 | AA |
| 朗科转债 | 朗科智能 | 113.60 | 75.97 | 49.53 | 电子元件 | 112 | 4.72 | AA- |
| 景 20 转债 | 景旺电子 | 117.37 | 78.21 | 50.07 | 电子元件 | 108 | 4.25 | AA |
| 春秋转债 | 春秋电子 | 123.15 | 79.72 | 54.47 | 电子元件 | 112 | 3.89 | AA- |
| 超声转债 | 超声电子 | 111.08 | 70.75 | 56.99 | 电子元件 | 108 | 4.54 | AA |
| 铂科转债 | 铂科新材 | 180.92 | 103.27 | 75.20 | 电子元件 | 115 | 5.80 | A+ |
| 兴森转债 | 兴森科技 | 114.31 | 63.83 | 79.09 | 电子元件 | 110 | 3.16 | AA |
| 崇达转 2 | 崇达技术 | 108.98 | 56.53 | 92.78 | 电子元件 | 110 | 4.29 | AA |
| 华正转债 | 华正新材 | 105.55 | 54.16 | 94.89 | 电子元件 | 108 | 5.67 | AA+ |
| 立讯转债 | 立讯精密 | 111.50 | 50.17 | 122.23 | 电子元件 | 108 | 4.45 | AA+ |
| 瀛通转债 | 瀛通通讯 | 109.22 | 47.82 | 128.39 | 电子元件 | 115 | 4.11 | AA- |
| 胜蓝转债 | 胜蓝股份 | 235.45 | 87.16 | 170.12 | 电子元件 | 112 | 5.85 | AA- |

数据来源：Wind；截止时间：2022 年 5 月 24 日。

PCB及相关行业可转债有更高的转股溢价率，其主要原因是来自行业对于转股溢价率的影响。目前该行业处于一个低估状态，选择性价比较高的江丰转债、艾华转债、明电转债可以取得不错的行业增长红利。

第十一章

# 判断卖出可转债

判断卖出可转债和买入可转债的逻辑有异曲同工之妙，多采用对比的方式，在卖出思考中引入期望概率思维，会有更加完整的推理过程。

## 一、价格角度

在讨论可转债卖出的思考之前，先来聊聊可转债重要的节点价格，可转债从发行到退市有非常多重要的价格节点，可转债发行价格为100元、等于债券价格——纯债价值、到期赎回价、强赎价（转股价值为130元）、强赎价160元（时间不同，统计结果不同）。根据特定价格含义，可以设定不同的卖出标准，以下是写于2018年关于可转债的卖出思考：

当可转债的转股价值超过130元时，可能存在强赎风险，其转股溢价率缩减为负值，溢价率越高，意味着转化为股票承担的折损就越大，可以选择卖出；

当可转债的转股价值大于130元时，转股溢价率超过5%卖出；

当可转债的价格大于130元时，转股溢价率超过15%卖出。

从2022年去看待过去判断卖出可转债的标准已经不太适用了，随着市场转股溢价率的整体提升，以前判断的卖出标准甚至成为买入的选择。比如，转股价值为130元、转股溢价率为5%，现在就会被认为是性价比很高的标的。

这并不是过去思考逻辑错误，而是市场在不断地变化，未来朝着我们的未知领域进发，我们也在不断探索、不断改进卖出的判断。

在过去的基础之上做一些调整，对转股价值超过130元应该有一些调整，一般情况下，达到强赎的标准是30个交易日中有15个交易日转股价值超过130元，实际真实触发强赎标准的转股价值会高于130元，适当提高转股价值到135～140元，整个市场转股溢价率较过去会有很大的提高，适当向上提高到10%，这样依旧是一个不错的卖出选择。

以上述标准筛选自2022年5月24日可转债市场数据，一部分可转债符合卖出标准，如表11-1所示。

**表11-1　符合卖出标准可转债统计**

| 名　称 | 正股名称 | 价格（元） | 转股价值（元） | 转股溢价率(%) | Wind四级行业 | 到期赎回价（元） | 剩余期限（年） | 债券评级 |
|---|---|---|---|---|---|---|---|---|
| 盘龙转债 | 盘龙药业 | 323.38 | 134.98 | 139.58 | 中药 | 115 | 5.78 | A+ |
| 蓝晓转债 | 蓝晓科技 | 399.48 | 252.60 | 58.14 | 基础化工 | 113 | 3.05 | A+ |
| 晶瑞转债 | 晶瑞电材 | 368.00 | 234.90 | 56.66 | 特种化工 | 111 | 3.27 | A+ |
| 小康转债 | 小康股份 | 373.60 | 265.68 | 40.62 | 汽车制造 | 106 | 1.45 | AA- |
| 天铁转债 | 天铁股份 | 267.20 | 208.01 | 28.45 | 基础化工 | 112 | 3.82 | AA- |
| 伊力转债 | 伊力特 | 185.44 | 145.70 | 27.27 | 白酒与葡萄酒 | 110 | 2.81 | AA |
| 新天转债 | 新天药业 | 159.36 | 130.03 | 22.55 | 中药 | 113 | 3.60 | A+ |
| 福能转债 | 福能股份 | 181.79 | 154.39 | 17.74 | 电力 | 109 | 2.54 | AA+ |
| 火炬转债 | 火炬电子 | 186.31 | 158.96 | 17.21 | 电子元件 | 110 | 4.01 | AA |
| 台华转债 | 台华新材 | 165.61 | 142.80 | 15.97 | 化纤 | 110 | 2.57 | AA |
| 华钰转债 | ST 华钰 | 187.21 | 161.55 | 15.88 | 金属、非金属 | 110 | 3.06 | A |
| 苏试转债 | 苏试试验 | 164.98 | 142.89 | 15.46 | 调查和咨询服务 | 112 | 4.16 | AA- |
| 金禾转债 | 金禾实业 | 191.17 | 167.37 | 14.22 | 食品加工与肉类 | 106 | 1.44 | AA |
| 万顺转债 | 万顺新材 | 163.42 | 144.40 | 13.17 | 金属与玻璃容器 | 106 | 2.16 | AA- |
| 恩捷转债 | 恩捷股份 | 363.81 | 321.97 | 12.99 | 特种化工 | 110 | 3.72 | AA |
| 斯莱转债 | 斯莱克 | 152.00 | 135.79 | 11.94 | 工业机械 | 115 | 4.32 | AA- |
| 伯特转债 | 伯特利 | 194.97 | 174.95 | 11.44 | 机动车零部件与设备 | 116 | 5.10 | AA |
| 太阳转债 | 太阳纸业 | 157.60 | 141.42 | 11.44 | 纸制品 | 106 | 0.58 | AA+ |
| 同和转债 | 同和药业 | 194.80 | 174.83 | 11.42 | 西药 | 116 | 4.42 | A+ |
| 飞凯转债 | 飞凯材料 | 150.80 | 136.57 | 10.42 | 特种化工 | 110 | 4.51 | AA |

数据来源：Wind；截止时间：2022 年 5 月 24 日。

当可转债价格超过130元时，其转股溢价率过高就非常“鸡肋”，消除溢价率的方式有两种：一种是通过正股上涨，另一种是通过可转债下修。无论是哪一种方式，其持有可转债的收益都会比较“鸡肋”，预期收益率不高。理论上对比过去卖出方式，可以适当结合当下市场提高转股溢价率到20%。当可转债价格超过130元时，其转股溢价率超过20%，选择卖出可转债。

在实际操作过程中，许多投资者更倾向于做小规模转债的溢价率泡沫化，以获得投机的收益，此时额外需要注意相关可转债的强赎风险。

## 二、逻辑思考

### 1. “低溢价率”陷阱

一般来说，可转债的价格是跟随正股价值上下波动的，将其偏离转股价值的大小定义为转股溢价率。买入的转股溢价率越高代表买得相对贵了，转股溢价率越低则代表买入的可转债相对便宜。

转股价值=股价÷转股价×100，其转股价值是否被高估很难通过可转债的价格来判断，其中转股价是确定量，仅能够从股价的角度判断转股价值的高、低估值。

过去几年可转债的“低溢价率策略”一直是收益率王者，因其策略易懂、可操作性强，越来越多的投资者采用低溢价率策略。2022年就出现了特殊情况，当可转债出现低溢价率时，含有“低溢价率”因子的策略不断买入，之后正股大跌，可转债跟随大跌，给可转债投资者造成了巨大亏损。

后来，市场上把正股拉升后造成可转债低溢价率被动买入，之后因正股大跌导致可转债大跌，称为“低溢价因子陷阱”。

以吉视传媒——吉视转债为例，其中黑色线为吉视转债价格，柱状图为吉视转债转股溢价率，如图11-1所示。

从图11-1可知，随着转股溢价率的不断下降，吉视转债价格不断拉升，直到2022年1月21日收盘，吉视转债价格为154.05元、转股溢价率为-4.04%，触发大量含有低溢价率因子的策略买入，同时也引发大量的转股套利，结局是第二天吉视传媒发生了断崖式下跌。

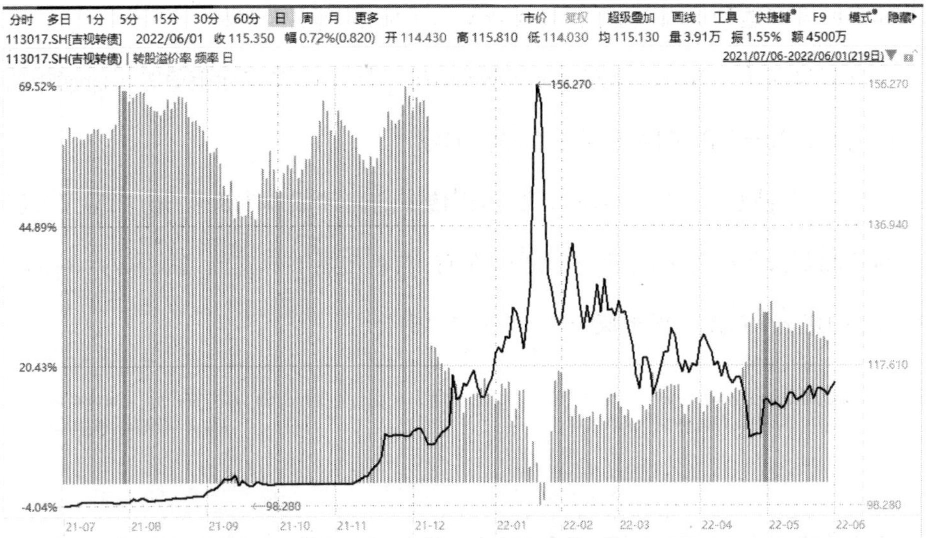


图11-1　吉视转债叠加转股溢价率变化

2022年1月24日收盘，吉视转债价格为139.81元，较上一交易日下跌9.24%，转股溢价率为−3.18%。比如，按照转股溢价率为负值买入、正值卖出的轮动方式，到2022年1月25日触发轮动卖出收盘价为130.06元、转股溢价率为0.01%，2个交易日下跌15.57%，造成了巨大亏损。

之后，在可转债市场类似于吉视转债的案例时有发生，如岭南转债、耐普转债、淳中转债等。

**小提示：** 仅从转股溢价率的角度判断可转债的买卖难免有失偏颇，对于正股的分析在重要的关头可以帮助投资者规避风险。

## 2. 量价分析

量价分析是指分析价格、交易量、持仓量三者的关系，量价变化可以帮助判断价格持续和反转。

一般来说，控制市场20%的流通规模就可以控制盘面价格走势，当某个股票的实际换手率达到30%以上，有很大概率市场价格要开始反转。

实际换手率=市场成交量÷真实流通市值，其中真实流通市值等于流通市值减去大股东及亲属短期内不可以卖出的部分。

以吉视传媒——吉视转债为例，吉视传媒的流通股本为33亿元，扣除了大股东减持需要公告的部分，总计占比30%左右，吉视传媒的真实流通股本为（33亿×0.7）23.1亿元，对比吉视传媒走势，如图11-2所示。

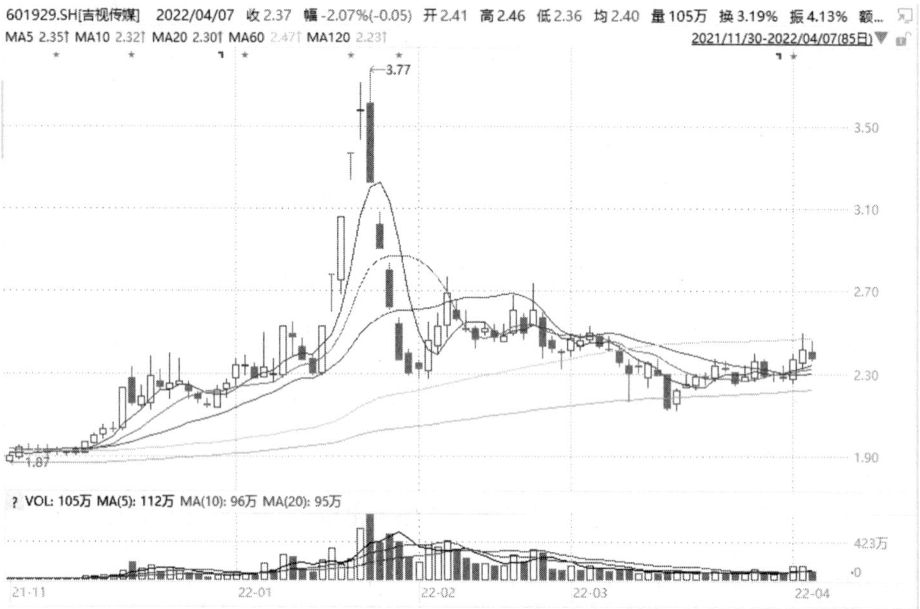


图11-2　吉视传媒股价走势

吉视传媒在2022年1月24日达到股价最高点3.77元后，股价开始反转进入下跌通道，当日换手率为22.66%，真实流通市值换手率为32.37%。从量价分析来看，此时正股吉视传媒大概率到顶部区域，风险急剧累积。此时，判断正股处于高风险情况，选择卖出吉视转债是最好的选择。

### 3. 期望思维

期望收益是指在每次发生的概率乘以预期收益得到总和。

举例说明:

小陈去银行存一万元，银行承诺一年到期给予5%的利息，银行到期会100%兑付，那么存钱的期望收益为5%；

小陈还想做一笔投资，50%的概率赚10元、50%的概率亏损5元，期望收益为2.5元，期望收益为正值，是可以参与的；

如果50%的概率亏10元、50%的概率赚5元，期望收益为亏损2.5元，就不可以投资了。

期望思维可以应用在整个可转债交易过程中，以博弈强赎、博弈下修为例，来讨论期望思维的应用。

以参与博弈广汽转债强赎为例，当广汽转债临近到期赎回，解决广汽转债的三个方式，具体如下:

（1）转股价值上升超过130元，并维持15个交易日触发强赎条款；

（2）转股价值大于到期赎回价，转股溢价率变为负值，转股套利促进转股；

（3）广汽转债到期，以到期赎回价106元偿还全部可转债债务。

梳理完可能发生的情况之后，对于广汽转债的价格判断就变得有把握，临近到期，广汽转债价格超过130元是风险大于收益的；

博弈强赎主要发生在106～130元区间，假设到期赎回和强制赎回可能发生的概率均为50%，那么价格低于118元时，理论上是能够取得正值期望收益的，可以参与博弈强赎，价格越低，其收益空间越大、风险空间越小。因为时间越临近，发生强赎的概率在下降，总体期望并没有增加，直到广汽转债低于106元时，才是低风险的买入机会。

从期望收益的角度来说，参与临近到期的博弈强赎并不是一个好的策略，类似标的还有九州转债、海印转债等，收益率层面会得到一个失望的答案。

多数时候投资者会有臆想，想象公司会通过各种方式转股而不是还钱，但仔细想想，还钱才是公司利益最大化的结果，以廉价资金成本换取转债投资者的钱。

从博弈下修的角度来说，以天路转债博弈下修为例，2022年4月27日，董事会提议下修可转债，参考前面转债定价的方式，等同于85～90元的转股价值做上市定价，参考过去转股价值对应的转债价格区间为111～115元。

假设下修到底对应的转股价值区间为90～95元，参考过去转股价值对应的转债价格区间为116～120元。

从期望收益的角度来说，当天路转债董事会提议下修之后，可转债价格低于115元时可以择机参与；天路转债在下修股东会之前达到116元以上，就要谨慎参与或持有了。

天路转债的价格基本反映了下修到底预期，最好的方式是卖出，倘若遇到下修不到底或下修失败将面临亏损。从历史收益情况来看，下修股东会博弈是否到底的期望收益很差。

期望思维不仅在可转债交易领域一直有应用，在其他的投资领域也可以运用期望思维。类似指标还有盈亏比，如果投资获胜时能够获得的收益远大于失败时产生的亏损，那么就可以投资，从拉长周期来看是能够盈利的。

## 三、交易思维

### 1. 正股涨跌停股债联动

该策略主要利用股票和转债不同的交易规则来进行“套利”，可参考前面可转债交易规则和股票交易规则。

正股是T+1交易，可转债是T+0交易；可转债涨跌幅大于股票涨跌幅，意味着股票正股涨、跌停后买卖受限，可转债依旧有交易空间。

正股涨停，表示市场看好后市，正股买入受限，可择机买入可转债替代正股；

正股跌停，表示市场看跌后市，正股卖出受限，立即卖出可转债规避风险；

可以从委托单封单量、成交量判别，封单量大、成交量小、效应最强。

当日交易：正股涨停且不再放量一段时间后可买入，并实时跟踪正股交易量能变化，放量则需考虑卖出；无放量，盘中可逢高逐步卖出，且可以来回操作。

次日交易：正股当日涨停，可在尾盘买进对应可转债过夜。因正股当日涨停，次日股债波动会提高，在设置一定止损的情况下，逢高卖出，会有较高的收益。

当正股跌停，亦可以反向操作。

## 2. 股债偏离率

可转债跟随正股波动，不仅出现在正股涨跌停，还会因交易规则出现可转债买入与卖出机会。在日常交易过程中，正股波动也会对可转债价格产生较大影响，当正股大幅上涨而可转债并未大幅上涨时，可转债有买入机会；当正股大幅下跌而可转债并未大幅下跌时，可转债有短期下跌风险。

从长周期来看，可转债跟随正股趋势波动，受转股溢价、行业、规模等多个因素影响；从日内交易来看，可转债波动影响最大的因素是正股涨跌幅。

把日内可转债与正股涨跌幅差值叫作“股债偏离率”，其叠加正股与可转债分时走势，不仅可以判断可转债日内买入机会，也可以判断可转债卖出机会。

当日内正股涨幅-可转债涨幅=股债偏离率大于1%时，形成短期买入机会；

当日内正股跌幅-可转债跌幅=股债偏离率小于-1%时，形成短期下跌风险。

以某转债叠加正股日内分时走势为例，当波动小时可转债并未跟随变化，当正股拉升时可转债价格有明显变化，股票会先于可转债表现，从而产生一定的交易机会，如图11-3所示。

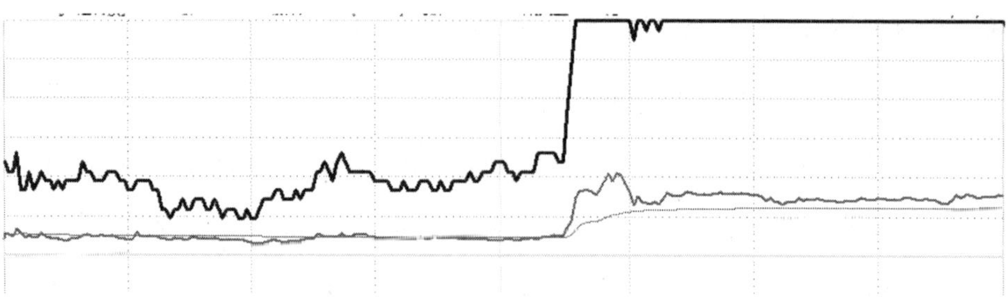

图11-3　某可转债叠加正股日内分时走势

可转债叠加正股看盘的交易方式一直有实际应用，不仅局限于叠加正股，还有该可转债所处的行业，是一种非常好的观察市场变化的方式。

目前，市场对于日内股债偏离率研究较少，其数据偏差标准化非常难，转股溢价率、规模、行业等因素对于股债偏离均有影响，同样一个偏离率，会有两个偏差非常大的结果，多作为手工日内交易可转债的参考。

## 第十二章

# 可转债如何做交易

本章是本书最值得反复阅读的一章，不仅讲解了个人投资者网格交易的翔实方法，还分享了机构投资捕捉“脉冲”行情的技巧。要想获得可转债投资的增强收益，所有的“秘密”都在本章里。

## 一、何为网格交易法

据资料查询，最早使用网格交易法的是信息论之父——克劳德·艾尔伍德·香农，他用数学方法获得股市涨跌背后盈利的秘密，并经过不断地实践后发表了研究成果，通过资金管理形成了系统盈利的方法——网格交易法。

网格交易法就像渔夫用渔网把网眼大小以上的鱼一网打尽，按照这种方式设定一张价格波动的网，若股票价格波动时触到网格价格，就买入或卖出一定数量的股票，上涨不断地卖出、下跌不断地买入，在网格范围内通过不断地买卖来获取网格大小的收益累积。

原始网格交易法的三个思考角度：

（1）股价涨跌是不可预测的，遵循随机波动；

（2）每一次交易都是套利收益，不断波动就无限收益；

（3）上涨时，仓位不断减少降低风险；下跌时，仓位不断上升增加未来收益预期。

在香农多年的交易生涯里，用实践不断地验证了网格交易法的有效性，通过网格交易法获得了不错的收益，网格交易法在交易市场中慢慢地流传开来，并且延伸出了更多应用及使用方式。

最早的网格交易法大多应用于大宗商品交易、外汇交易等投资品种，这类投资品种不会发生剧烈的波动，满足网格交易法适用“不会大幅上涨”和“价值归零”两个基本条件。

以外汇交易为例。一个国家不可能同时实现资本流动自由，货币政策的独立性和汇率的稳定性。换言之，任何一个国家都希望自己有稳定的汇率，这意味着汇率会较其他投资品种波动更稳定，短时间内大涨大跌的可能性较小，否则会对经济造成巨大影响。

外汇的波动是相对稳定的，符合通过波动赚取收益的网格交易法，在外汇交易上就常常用到网格交易的思维，如买入与卖出价跨市场套利。

以大宗商品为例，尤其是在一些民生品种上，如豆粕、豆油、玉米、猪肉等，其现货价格过去一直处于震荡区间，整体处于以通货膨胀推动下缓慢增长的状态，符合一个大的震荡波动区间，以生猪价格为例，如图12-1所示。

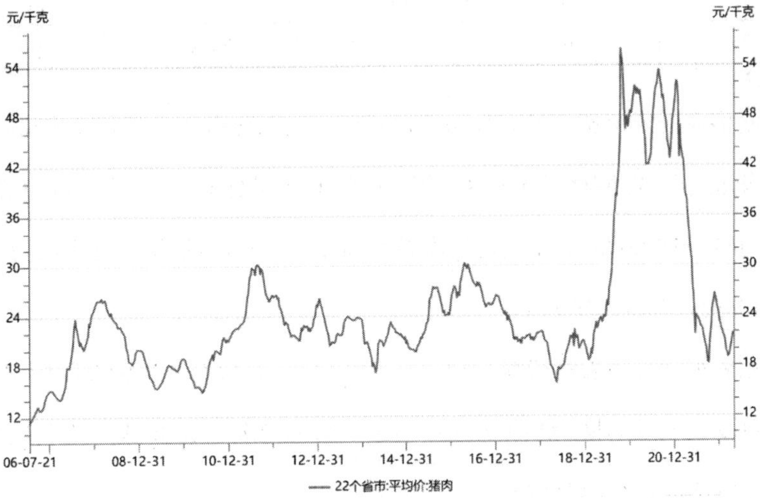


图12-1 生猪历史价格变化

数据来源：Wind；截止时间：2022年5月25日。

自2006年以来，生猪的价格一直在一个12～30元/千克区间波动，直到2019—2020年，生猪价格因疫情和非洲猪瘟影响导致猪肉价格大幅上涨。拉长周期来看，猪肉价格符合震荡区间波动缓慢上涨，适合使用网格交易法。

再聊一聊错误使用网格交易法造成的严重后果，以华宝油气为例。

网格交易法过去用在华宝油气这只基金上，通过查询一些资料去看网格交易设计是值得反思的，一份互联网发布的华宝油气网格交易设计，如表12-1所示。

表12-1 华宝油气网格交易设计

| 净　值 | 网格层数 | 每次 10 000 | 持仓金额 | 份　额 |
|---|---|---|---|---|
| 1.00 | 1 | 10 000 | 10 000 | 10 000 |
| 0.90 | 2 | 10 000 | 19 000 | 21 111 |
| 0.81 | 3 | 10 000 | 27 100 | 33 457 |
| 0.73 | 4 | 10 000 | 34 390 | 47 174 |
| 0.66 | 5 | 10 000 | 40 951 | 62 416 |
| 0.59 | 6 | 10 000 | 46 856 | 79 351 |
| 0.53 | 7 | 10 000 | 52 170 | 98 168 |
| 0.48 | 8 | 10 000 | 56 953 | 119 075 |
| 0.43 | 9 | 10 000 | 61 258 | 142 306 |
| 0.39 | 10 | 10 000 | 65 132 | 168 117 |

该网格在设定每次下跌10%加仓1个单位，这个网格交易是有一些问题的，从网格本身角度思考，网格设定过大，华宝油气的本质是组合了一篮子油气股票，以组合的方式分摊波动风险，设定每次跌10%加仓是不合理的，应该用更小网格，才能更好地获得波动的收益。

不用后视镜视角去看待前面网格设定的问题，如果有人告诉你股票网格设定是涨停就卖出一层网格、跌停就买入一层网格，那么你肯定会认为这个人疯了，这根本不是网格，而是深套后补仓。

在华宝油气基金上，这样设定网格却被一些投资者称赞，这种网格设计虽然具有字面图表理论价值，但不符合实际应用。

从实际的应用过程来看，华宝油气价格不断下跌，刚开始是有投资者以1.2净值开始网格，后来是1.0净值，再后来是0.8净值、0.5净值，最后提起网格交易法的人越来越少，已经找不到刚开始以1.0净值设定网格交易的文章了，可能随着市场不适用，案例也会不断消失。

以上内容说明了网格交易法的三大适用条件，整理如下：

（1）网格交易法适用于价格区间波动的投资品种，适用于震荡行情是一个伪命题，判断是否震荡行情与股价涨跌都是不可能事件。如果知道市场会震荡，有其他方法做得比网格交易法更好，从投资品种本身波动区间去设定更切合实际的思考。

（2）网格设定要尊重客观波动规律，日常波动多数不到1%，设定10%的波动是非常不合理的，设定要符合实际应用而不是停留在理论层面上。

（3）网格交易获得来自区间波动收益，应该找具有上、下边界的投资品种，突破上边界意味着比单独持有获得更少收益，对于下边界的设定是不能够突破的，突破就会有巨额的亏损。

以上是对于网格交易法的内容讨论，回到第一章介绍可转债概念时，重点强调了可转债是“上不封顶、下有保底”的投资品种，是最符合价格波动区间的投资品种，还是目前A股市场最适用于网格交易法的投资品种。

市场常常以“上不封顶、下有保底”来介绍可转债，保底是网格交易法下边界，有两个价格线，一个是100元面值心理价格底线，另一个是相对同评级债券的纯债价值底线。一般来说，在突破这两个价格边界时会有较大阻力，下边界设定可以参考这两个价格做应用延伸。

可转债是“上不封顶”的投资品种，这是在可转债网格交易法应用时，一直受到较大质疑的原因，可转债多数走向强赎价，甚至走向更高价格，不叠加网格收益可能会比叠加网格更高，这里需要把网格交易获得的收益和本身持有可转债的收益做区分，网格只是在波动情况下获得收益的工具，而不是选择可转债的策略。

过去很多投资者错把可转债市场本身增长收益归功于网格交易法，造成网格交易法获得不错收益的假象，实际上，网格交易法作为工具仅仅贡献了很小一部分的收益增强。

## 二、可转债等比例网格

把网格想象成一张渔网，在可转债大水池里面捕鱼，渔网网格大小一般有两种设定方式：一是以价格等比例设定，二是以涨跌幅等比例设定。

以价格等比例设定，假设在105元买入三个单位的A转债，每上涨1元卖出一个单位，每下跌1元买入一个单位，如表12-2所示。

**表12-2　可转债价格等比例网格**

| 买　入 | 价格 / 元 | 卖　出 | 持有单位 |
|---|---|---|---|
| | 108 | 1 | 0 |
| | 107 | 1 | 1 |
| | 106 | 1 | 2 |
| 3 | 105 | | 3 |
| 1 | 104 | | 4 |
| 1 | 103 | | 5 |
| 1 | 102 | | 6 |

价格等比例的网格，最大的优势在于易懂、易学、易操作，可转债在102～108元区间里面波动，例如，网格涨到108元又跌回到105元，就会有3元的波动收益，从而给整体带来1/105的收益增强。

价格等比例网格在逻辑思考上有一定的缺陷，随着价格上涨，等价格的网格并没有随波动而改变。上面案例中，在105元设定波动为1元的网格，当价格达到200元之后，实际价格波动变大了，应该由原来的1元扩大到2元，这样才符合逻辑。从价格波动角度来说，将涨跌幅作为网格大小更加合理一些。

以涨跌幅等比例设定，假设在200元买入3个单位的B转债，每上涨1%卖出1个单位，每下跌1%买入1个单位，如表12-3所示。

表12-3　可转债涨幅等比例网格

| 买　入 | 价格/元 | 卖　出 | 持有单位 |
|---|---|---|---|
| | 206 | 1 | 0 |
| | 204 | 1 | 1 |
| | 202 | 1 | 2 |
| 3 | 200 | | 3 |
| 1 | 198 | | 4 |
| 1 | 196 | | 5 |
| 1 | 194 | | 6 |

以涨跌幅设定的内容并没有局限于价格，而是可以跟随市场情况进行价格变动，这样更加贴近市场。

通过两个案例梳理等比例网格的两种情况，从理论层面解释网格产生收益的原理，不过在实践过程中也会遇到一些问题。比如，涨幅的网格以成交价为下一次变动的基准价，那么206元向下跌1%对应的价格为203.94元，而非表格中的204元。

等比例网格的实际应用，从买入基准价、波动大小、单位数量三个角度讨论，基本上解释了等比例网格中的大部分问题。

（1）买入基准价，这是一个非常值得思考的角度，可转债作为“上不封顶，下有保底”的投资品种，越接近保底价，参与网格交易可转债所需要承担的风险越小，可能存在收益的机会就越大。

前面在介绍可转债要素时，有两个重要价格点需要重视，其一是发行面值100元，其二是相对于债券的纯债价值；前者是心理价格底，后者是债券价值底。

在“判断买入可转债”这一章中有提到，转债定价可以作为判别买入可转债网格基准价，通过定价的方式可以得到相对市场的价格。以成银转债为例，其转股价值为99.24元、80亿元规模、区域银行，参考同类的可转债，如图12-2所示。

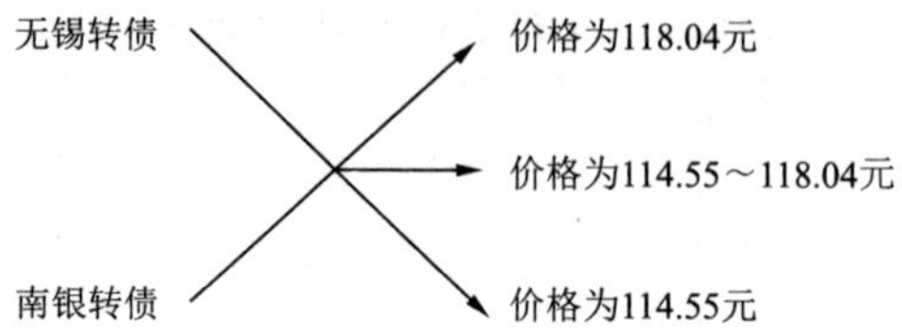


图12-2　成银转债上市定价

以成银转债上市定价116元为买入基准价（根据市场真实情况调整），买入5个单位，每上涨0.5元卖出1个单位，每下跌0.5元买入1个单位，进行价格等比例网格交易。

（2）波动大小，最好的网格设定是“因债施格”。

从波动的角度来说，要求银行、国企类转债和半导体、小规模转债设定一样的网格大小是不合理的。最好网格是根据最近可转债每日振幅或涨跌额数据设定的，统计最近一个月振幅或涨跌额的平均值，以该平均值作为波动设定的基础。

个人投资者对于数据采集、统计是缺乏工具的，但持有的标的有限，通过K线图观察、结合画线工具设定网格大小。

（3）单位数量，需要区分两个概念：有100个单位持仓，用10个单位做网格和用100个单位做网格。前者追求的是收益增强，后者追求的是波动收益，两者运用网格获得收益的初衷不同。

市场上有很多网格的设定是不合理的，其网格设定层数过多，按照上述两个前提设定买入基准价和波动大小，再叠加多层数网格很难有好的波动收益。

举例说明：

网格一：买入基准价为100元，首次买入9个单位，每次涨跌为1元触发买卖1个单位；

网格二：买入基准价为100元，首次买入9个单位，每次涨跌为1元触发买卖3个单位；

假设现在该转债从100元涨到103元后，又回落到100元，两者的网格收益结果如下：

网格一：获得收益为3元，整体的收益率增强为3÷900=0.33%；

网格二：获得收益为9元，整体的收益率增强为9÷900=1%，两者收益率增强相差3倍。

当然，有人质疑这是在特定条件下作的特定假设，如果该转债从100元涨到109元再回落到100元呢？

这样两者结果是一样的，均获得1%的收益率增强。

还有涨上去，万一没有跌下来的情况呢？

岂不是卖飞了。

前面两个条件是有做一个假设，该可转债的波动会按照过去一个月的振幅变化，过去一个月价格波动均值为1元，突然上涨9元是一个小概率事件。

从网格波动收益来说，首次买入基准价以3～5个单位为准，1单位可以是多手，过多的网格层数对其产生波动收益非常“鸡肋”，除非是一开始的第一种情况，持有大量仓位拿出一部分仓位做收益率的增强。

前面从理论基础和实践拓展两个方面讨论网格交易，相当于完成一套程序化网格交易模型的前半部分，现在在市场实现网格交易的需要事项，完成网格交易模型的后半部分，简单地梳理一下交易思路：

先确定买入基准价，再以基准价设定网格，网格大小为近期一个月的振幅数据，买入单位为3～5个，达到第一层网格卖出，回落到原来价格买入，完成一次网格交易。

等比例网格注意事项：

确定买入基准价，可以是成本价或现价；

设定网格大小，采用百分比还是价格比；

网格数量一般为3～5个单位，设定最大持仓为8～10个单位，最小为1个单位；

委托买入或卖出价格，一般选择买三、卖三，委托价格与成交价格可以不一致，买三和买五委托买入价格不一样，但可能成交价格一样，买五优势在于促进成交。

确定新的触发基准价，一般有两种方式：一是以触发委托价格确定，二是以成交的价格确定，以成交价格确定更有优势，因为触发委托价格可能没有成交，导致网格缺了一条腿。

每日收盘之后，需要检查网格具体的成交情况，部分券商网格交易，其卖出委托单因为没有持仓而失败，但当转债价格下跌，可转债网格以上一委托触发价卖出成交再次触发买入，相当于买在高位。比如，仅持有1单位，不建议叠加网格。

等比例网格交易是特定的情况之下，以工具捕捉波动收益，需要特别明确的是，该网格是要获得在波动行情下的收益率，当可转债处于一个上涨趋势行情里面时，等比例网格并不适用。

正如前面案例所说，当可转债价格涨到103元又跌回100元时是适用的，如果可转债涨到109元却没有跌回去，这个时候还是放弃等比例网格，它只会让你赚得更少。

市场最幽默的地方在于可转债整体属于一个上涨趋势，从这个角度来说，可转债并不适用于等比例网格，如何在趋势上涨中获得波动收益是下面一章需要思考的内容。

## 三、可转债非等比例网格

在网格交易法中，有讨论到多数可转债的转股价值是趋势上涨的，使用等比例网格常常会出现一种情况——主动卖飞，非等比例网格在一定程度上可以解决上涨过程中卖飞的问题。

先聊聊可转债为何是趋势向上的。

可转债价值=债券价值+股票价值，其可转债左边有债券价值托底，右边有股票价值托底，形成了“上不封顶、下有保底”的状态。

从图12-3可知，可转债价值整体呈现上涨趋势，其价格追随其价值不断波动，整体波动趋势向上，更加适合采用非等比例网格。

非等比例网格与等比例网格对比，将原本的上升三层网格卖出和下降三层网格买入变为上升三层网格卖出和下降两层网格买入，让原网格从震荡区间变为一个趋势向上的震荡区间，这样更贴近可转债趋势向上的状态。

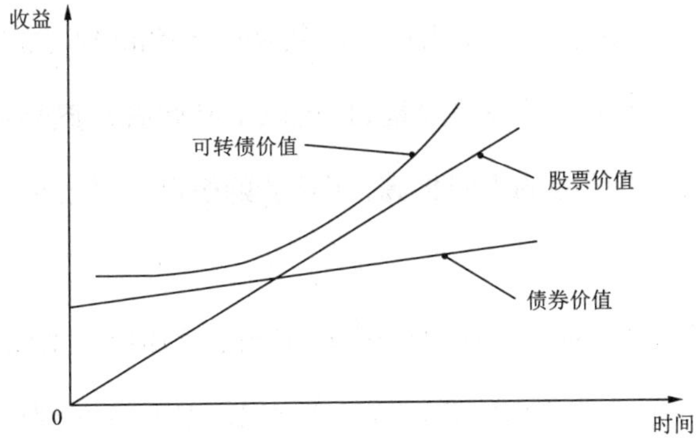


图12-3　可转债价格区域

以海兰转债为例，上涨趋势过程中持仓不动仍然能够获得波动的收益，在2021年2月8日上市首日以89元的价格买入一直持有到2021年11月9日以214.75元卖出最后持有的海兰转债，从115元开始叠加非等比例网格，其间有过几十笔套利，一直持有到海兰转债价格到达180元+仍持有单位数不变，之后手动卖出持有仓位，海兰转债走势，如图12-4所示。

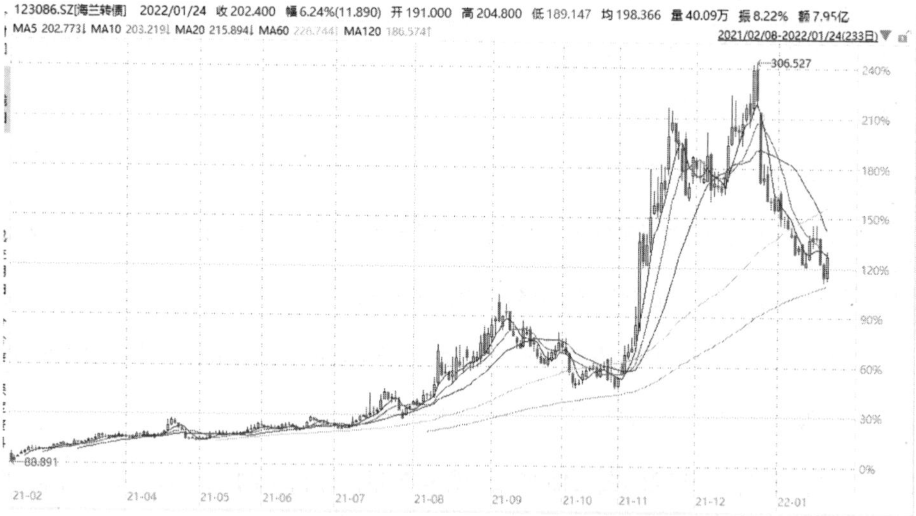


图12-4 海兰转债价格K线走势

基础内容参考网格交易法及等比例网格的思考，下面从非等比例网格实际应用进行讨论，从买入基准价、波动大小、网格层数三个角度学习非等比例网格。

（1）基准价格设定，过去一般是115元以上开始叠加网格做波动，如今随着市场溢价率和平均价格的不断提高，可转债网格设定基准价格可以适当向上调整。

观察可转债数据，其可转债价格低于115元，可转债一直稳步上涨，几乎没有波动，过低设定基准价格可能会导致过早卖出，卖出之后很难有买入的尴尬状况。可转债价格在低位往往没有较大波动，并不适用于非等比例网格。

（2）波动大小设定。

举例说明：

可转债价格超过120元，涨6%、回落0.2%、卖出，跌4%、反弹0.2%、买入；

可转债价格超过160元，涨4%、回落0.2%、卖出，跌6%、反弹0.2%、买入。

设定非等比例网格思考内容如下：

a. 非等比例网格并不局限6-4比例，其思考是来自技术分析的黄金比例，多数的技术图形分析都离不开黄金分割，比如，波浪理论线（见图12-5）、江恩角度线、道氏理论等。

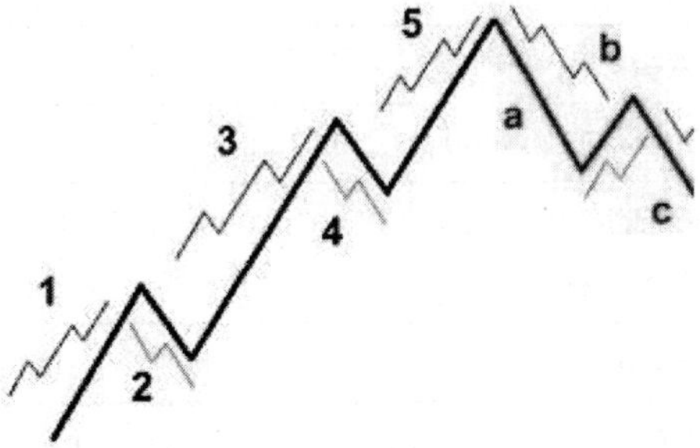


图12-5　波浪理论线

当市场价格跌幅达到黄金比例线，无形中就有一股神秘承接力量，虽然依旧没有逻辑，但在过去实际应用中却有真实体验感。

b. 回落及反弹功能，实际过程中有非常大的作用，设定涨6%、回落0.2%、卖出，真实的卖出可能是涨8%、回落0.2%，涨10%、回落0.2%，涨15%、回落0.2%，回落功能帮助卖在一个价格相对高位，反弹功能也有类似作用，帮助买在一个价格相对低位。

c. 6-4非等比例网格可以帮助减少上涨过程中的卖出份额，有可能突然大回调中增加一部分持有，整体问题不大。

可转债始终不能无限上涨，当可转债价格超过160元时，将原本可转债网格反转，帮助卖出持有份额，其160元是模糊数据，接近可转债强赎最后交易日平均收盘价。

（3）网格层数，对于网格层数无限制，该方法更适用于等比例网格中提到的大仓位持有可转债，拿出一部分做收益增强，主要收益应该来自可转债趋势上涨。

以海兰转债为例，设定非等比例网格，如表12-4所示。

**表12-4　海兰转债网格条件单**

| 条件单详情 |
| --- |
| 海兰转债、123086.SZ、网格交易、双向 |
| 最新基准价：121.000，价格区间：120.000 元～ 200.000 元 |
| 触发条件：上升 +6.00%、回落－ 0.20%、卖出；下跌－ 4.00%、反弹 +0.20%、买入<br>最大持仓 250 张，最小底仓 10 张 |
| 倍数委托　截止时间：长期有效 |
| 委托价格：买入——即时卖三价，卖出——即时买三价 委托股数：50 张（每笔） |

非等比例网格使用过程的注意事项：

a. 保底触发，该设定一直有争议，开通保底触发功能再达到触发价后，会出现无视回落或反弹触发的情况，也就是说，原本我们想要通过回落卖在相对高的位置，因为保底触发就提前卖出了。

以上涨回落保底触发价为例，上涨10元、回落3元，以保底触发价卖出，当达到10元涨幅之后就开始做判断，市场大于7元就会保底触发卖出，原本设定3元，大回落是为了不让小波动卖出网格，却被保底触发价卖出；设定上涨10元、回落0.1元卖出，此时保底触发价意义不大，实际应用价值小。

b. 持仓变化设定，一般首日买入网格数量为3～5个单位，考虑向下跌需要补3～5个单位，最大持仓设定在6～10个单位，通过仓位设定可以控制最大买入量，避免造成大幅下跌过程中不断买入，仓位占比过高，最小持仓可设定为1个单位。

c. 倍数委托，当设定涨幅为涨3%、回落0.1%、卖出1个单位，如实际涨幅超过6%、回落0.1%会卖出2个单位，涨幅超过9%、回落0.1%、会卖出3个单位，下跌过程中亦反之，倍数委托可选、可不选。

d. 委托价格设定，一般习惯以买三卖三选择，当然买五卖五可以更快成交。

根据价格委托机制，以买五115元价格委托、买三113元价格委托，此时卖一价格为110元，最终成交价格为110元。

买五与买三最大的区别在于同时委托时，价格优势保证买五先成交、买三再成交；时间不同时，买五与买三谁先到交易所系统，谁就先成交。

一般情况下，买五、买四、买三差别不大，建议优先买五卖五，保证快速成交会让更多人安心一点儿。

灵活运用等比例网格和非等比例网格就可以在可转债市场获得超额收益，可转债的网格应用并不难，说一千、道一万，不如实践一遍，之后你会明白可转债是最适合网格交易的投资品种。

## 四、可转债脉冲行情捕捉

可转债指数呈现平稳趋势向上，但细化到每一只单独可转债，其价格也是波涛汹涌的，最常见的可转债日内行情就是“打针”走势，一般称为“脉冲行情”，如图12-6所示。

在非对称性网格中，偶尔也可以捕捉到脉冲上涨行情，这类突然拉升往往是因为几笔大买单导致的，价格突然向上很容易触发非等比例网格卖出条件，等可转债出现一点回落时，就会触发委托卖出成交处于相对高位。

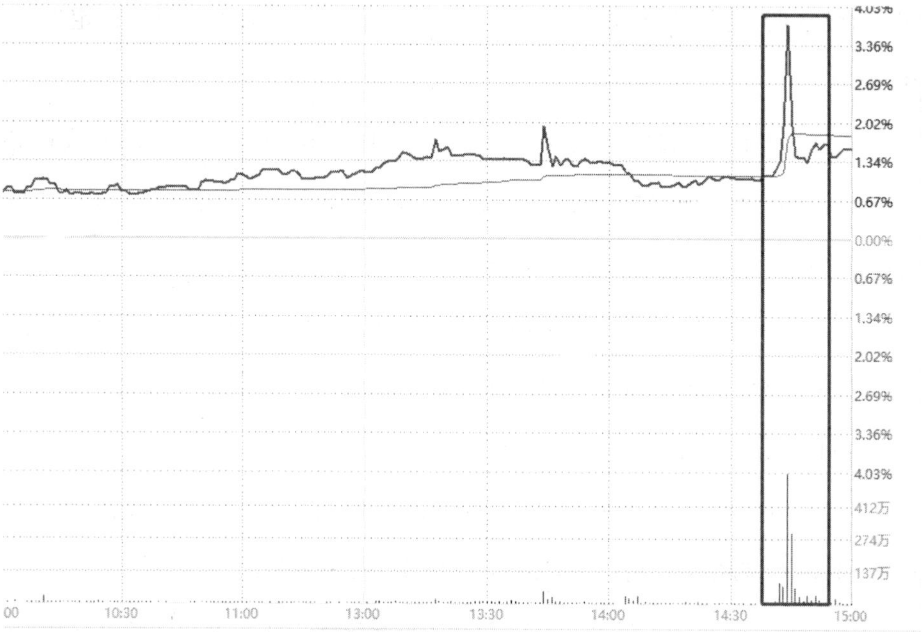


图12-6　可转债日内脉冲波动

以上升6%，回落0.2%，卖出网格条件单为例，持有该可转债已经有4%浮盈，此时市场小幅拉升就会触发上升6%、回落0.2%网格卖出单，捕捉到脉冲上涨。

以等比例网格设定波动大小+回落的方式，也可以单独拆分出涨幅条件单+回落方式捕捉脉冲式行情，统计近期振幅数据平均值，以两倍平均振幅值为涨幅条件、设定回落0.2%，实现一个能够捕获脉冲的条件单。

案例说明：

近一个月平均振幅值为2%，其设定涨幅条件为4%、回落0.1%，该涨幅+回落条件单就可以抓住日内脉冲行情。

部分券商并不支持涨幅条件+回落功能，可通过替换条件实现类似效果，比如，涨幅条件单+延迟确认。

延迟确认单，分为连续延迟确认单和累计延迟确认单两类，超过指定触发条件后，累计确认需要有指定次数超过触发条件的成交，连续延迟确认需要有连续指定次数超过触发条件的成交，才会被委托交易。

详细说明累计延迟确认单与连续延迟确认单的区别，如图12-7所示。

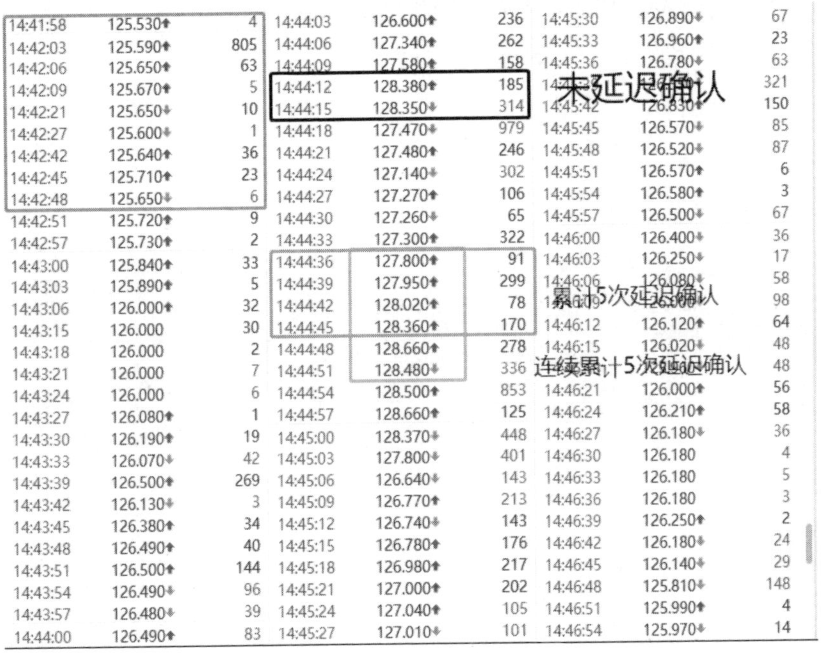

| | | | | | | | | |
|---|---|---|---|---|---|---|---|---|
| 14:41:58 | 125.530↑ | 4 | 14:44:03 | 126.600↑ | 236 | 14:45:30 | 126.890↓ | 67 |
| 14:42:03 | 125.590↑ | 805 | 14:44:06 | 127.340↑ | 262 | 14:45:33 | 126.960↑ | 23 |
| 14:42:06 | 125.650↑ | 63 | 14:44:09 | 127.580↑ | 158 | 14:45:36 | 126.780↓ | 63 |
| 14:42:09 | 125.670↑ | 5 | 14:44:12 | 128.380↑ | 185 | [illegible] | [illegible] | 321 |
| 14:42:21 | 125.650↓ | 10 | 14:44:15 | 128.350↓ | 314 | 14:45:42 | 126.830↓ | 150 |
| 14:42:27 | 125.600↓ | 1 | 14:44:18 | 127.470↓ | 979 | 14:45:45 | 126.570↓ | 85 |
| 14:42:42 | 125.640↑ | 36 | 14:44:21 | 127.480↑ | 246 | 14:45:48 | 126.520↓ | 87 |
| 14:42:45 | 125.710↑ | 23 | 14:44:24 | 127.140↓ | 302 | 14:45:51 | 126.570↑ | 6 |
| 14:42:48 | 125.650↓ | 6 | 14:44:27 | 127.270↑ | 106 | 14:45:54 | 126.580↑ | 3 |
| 14:42:51 | 125.720↑ | 9 | 14:44:30 | 127.260↓ | 65 | 14:45:57 | 126.500↓ | 67 |
| 14:42:57 | 125.730↑ | 2 | 14:44:33 | 127.300↑ | 322 | 14:46:00 | 126.400↓ | 36 |
| 14:43:00 | 125.840↑ | 33 | 14:44:36 | 127.800↑ | 91 | 14:46:03 | 126.250↓ | 17 |
| 14:43:03 | 125.890↑ | 5 | 14:44:39 | 127.950↑ | 299 | 14:46:06 | 126.080↓ | 58 |
| 14:43:06 | 126.000↑ | 32 | 14:44:42 | 128.020↑ | 78 | [illegible] | [illegible] | 98 |
| 14:43:15 | 126.000 | 30 | 14:44:45 | 128.360↑ | 170 | 14:46:12 | 126.120↑ | 64 |
| 14:43:18 | 126.000 | 2 | 14:44:48 | 128.660↑ | 278 | 14:46:15 | 126.020↓ | 48 |
| 14:43:21 | 126.000 | 7 | 14:44:51 | 128.480↓ | 336 | [illegible] | [illegible] | 48 |
| 14:43:24 | 126.000 | 6 | 14:44:54 | 128.500↑ | 853 | 14:46:21 | 126.000↑ | 56 |
| 14:43:27 | 126.080↑ | 1 | 14:44:57 | 128.660↑ | 125 | 14:46:24 | 126.210↑ | 58 |
| 14:43:30 | 126.190↑ | 19 | 14:45:00 | 128.370↓ | 448 | 14:46:27 | 126.180↓ | 36 |
| 14:43:33 | 126.070↓ | 42 | 14:45:03 | 127.800↓ | 401 | 14:46:30 | 126.180 | 4 |
| 14:43:39 | 126.500↑ | 269 | 14:45:06 | 126.640↓ | 143 | 14:46:33 | 126.180 | 5 |
| 14:43:42 | 126.130↓ | 3 | 14:45:09 | 126.770↑ | 213 | 14:46:36 | 126.180 | 3 |
| 14:43:45 | 126.380↑ | 34 | 14:45:12 | 126.740↓ | 143 | 14:46:39 | 126.250↑ | 2 |
| 14:43:48 | 126.490↑ | 40 | 14:45:15 | 126.780↑ | 176 | 14:46:42 | 126.180↓ | 24 |
| 14:43:51 | 126.500↑ | 144 | 14:45:18 | 126.980↑ | 217 | 14:46:45 | 126.140↓ | 29 |
| 14:43:54 | 126.490↓ | 96 | 14:45:21 | 127.000↑ | 202 | 14:46:48 | 125.810↓ | 148 |
| 14:43:57 | 126.480↓ | 39 | 14:45:24 | 127.040↑ | 105 | 14:46:51 | 125.990↑ | 4 |
| 14:44:00 | 126.490↑ | 83 | 14:45:27 | 127.010↓ | 101 | 14:46:54 | 125.970↓ | 14 |



图12-7　某可转债成交明细图

上一个交易日收盘价为124.93元，设定涨幅3%为触发条件，触发价为127.75元，在三种情况之下实际确认卖出价格如下：

未延迟确认卖出价格为128.35元；

累计延迟确认5次卖出价格为128.36元；

连续累计5次延迟确认卖出价格为128.48元。

上述实际卖出价格差别并不大，当可转债标的因为大单买入被拉涨，三者之间价格差会被拉得更大。

注意事项：延迟确认单和条件回落单不能够叠加应用，这不符合逻辑思考，两者互斥。延迟确认单是达到条件之后再等待确认，而回落单则是达到触发之后快速委托成交，两者刚好成交在“脉冲式”行情两侧。

可转债交易的内容基本上就讨论到这里，内容不多，讲得清楚明白就可以，把交易这件小事做好，也能够战胜策略和程序模型。

# 第十三章

# 可转债案例

常言道：读史使人明智。了解过去可转债经典案例也有类似的作用，虽然一模一样的机会可能不会再出现，但每一个投资标的背后的人性却是相似的，克服人性的弱点是需要投资者通过的最后考验。

## 一、开先例

辉丰转债——辉丰股份，其主营业务为化学农药及中间体业务、生物农资、油品化学品供应链服务。

辉丰转债于2016年5月17日上市，发行规模8.45亿元，到期赎回价103元（含税），辉丰转债于2021年4月28日摘牌。

为何聊辉丰转债呢？

因为这只可转债几乎所有的投资者认为公司会还不上钱，也就是实质违约，但是公司最后却以真金白银把可转债赎回去了，而2020年度辉丰股份总共的货币资金约4.2亿元，如表13-1所示。

**表13-1　辉丰股份资产负债——货币资金**

单位：亿元

| 资产负债表 | 2020-12-31 | 2020-09-30 | 2020-06-30 | 2020-03-31 |
|---|---|---|---|---|
| 报告期 | 年报 | 三季报 | 中报 | 一季报 |
| 货币资金 | 4.20 | 2.27 | 4.90 | 3.22 |

回顾辉丰转债——辉丰股份近年表现，其在2018、2019年造成巨额亏损，分别亏损5.78亿元、5.86亿元，如图13-1所示。公司利润亏损让经营陷入举步维艰的境地，也无心管理可转债募集投资事项，直到辉丰股份被ST之后，可转债停止交易。

根据《深圳证券交易所股票上市规则（2018年修订）》（以下简称“上市规则”）14.1.15条款规定，如果公司最近两个会计年度经审计的净利润为负值，那么公司的可转换公司债券可能被深圳证券交易所实施暂停上市。深圳证券交易所决定公司可转换公司债券自2020年5月25日起暂停上市。此时，辉丰转债仍有8.44亿元未转股余额规模。

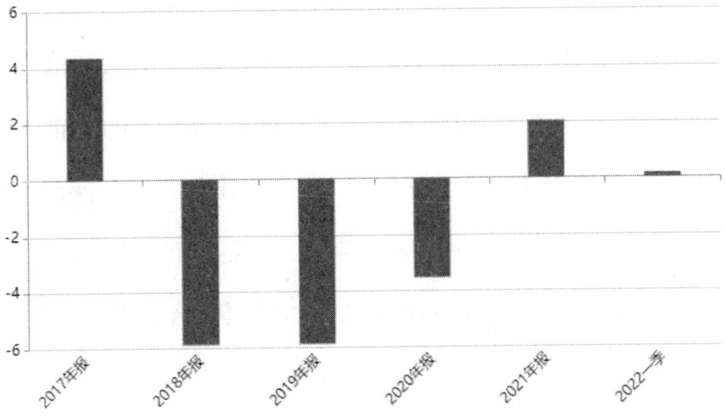


图13-1　辉丰股份近几年净利润变化

需要特别注意的是，公告末尾提到辉丰转债最后两个年度内连续30个交易日的收盘价格低于转股价的70%时，将触发本期债券的回售条款。自可转债的第5个年度起，截至2020年5月19日公司股价已连续18个交易日低于转股价的70%，预计至2020年6月5日将会触发回售条件。公司已按照预计出现可转换公司债券回售的情况正在积极筹措资金。公司货币资金尚不能覆盖可转换债券的余额，存在回售资金不足的风险。

2020年6月6日，辉丰转债的董事会提议下修可转债，之后也成功下修到底，转股价从原来的7.71元下修到4.38元，而此时辉丰股份的股价为2.87元，转股价值过低并不能促使转债持有人转股，难逃可转债回售的命运。

2020年6月6日发布辉丰转债回售公告，如表13-2所示。

表13-2　辉丰转债回售公告

| |
|---|
| 辉丰转债回售公告： |
| （1）回售价格：103 元 / 张（含税） |
| （2）回售申报期：2020 年 7 月 27 日—2020 年 7 月 31 日 |
| （3）发行人资金到账日：2020 年 8 月 5 日 |
| （4）回售款划拨日：2020 年 8 月 6 日 |
| （5）投资者回售款到账日：2020 年 8 月 7 日 |
| （6）“辉丰转债”持有人有权选择是否进行回售，本次回售不具有强制性 |

2020年7月，辉丰转债触发了回售条款，据2020年8月4日公告合计回售了8.2亿元余额规模辉丰转债，金额为8.45亿元，其剩余0.24亿元余额规模。

需特别注意的是，前面有提到公司账上是没有这么多现金的，当时多数投资者认为辉丰转债会实质违约，市场已经认定辉丰转债会成为第一只违约的可转债。

2020年10月，公司召开可转债持有人会议，以改变可转债募集资金用途触发了附加回售条款，据2021年4月份回售公告，此次回售了446万元，辉丰转债余额减少为不到2 000万元。

2021年3月20日，根据《募集说明书》的相关约定，当发行的可转债未转股余额不足3 000万元时，公司有条件赎回可转债，赎回价格为103元/张。这次强赎之后，辉丰转债退出了可转债市场。

实际上，第一次回售之后公司已经达到低于3 000万元的有条件赎回，但为何中间会有改变募集资金的小插曲呢？还是钱不够，该次改变募集资金用途是补充永久流动资金，换言之，用投资者的钱来回购自己的可转债。

自2016年5月17日上市以来，辉丰转债最高到118.5元，最低到71.86元，停盘价格为100元，上市一直到停牌区间里辉丰转债下跌15.53%，辉丰股价下跌66.01%。相对来说，辉丰转债有更小的跌幅，如图13-2所示。

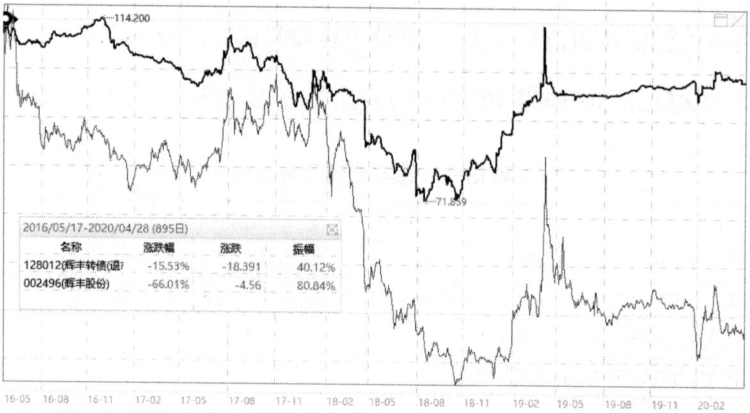


图13-2　辉丰转债叠加辉丰股份走势

**笔者感悟:**（1）从基本面判断辉丰股份是有问题的，正如前面分析案例一样，公司账上是没有钱能够回售可转债的，在公告中也强调了可能存在不能支付全部余额规模的风险，但“神奇”的是，财务报表内没有钱可以从表外放进去，居然完成了回售。

（2）辉丰股份被ST之后，可转债停牌交易是不合理的，公司缺少从盘面解决可转债方式，修订规则后ST股对应可转债依旧能交易，之后市场用转股交易的方式解决可转债，如海印转债。

（3）能够在低位买入辉丰转债并长期持有到期的人，对于可转债有特别的期望，顶着无数的压力拿到最后获得丰厚的回报，同时警告我们买低价可转债要对比到期赎回价，低于该价格买入至少到最后是能够拿回本钱的。类似案例有本钢转债和鸿达转债。

海兰转债——海兰信，主营业务为海洋观探测仪器系统及智能船舶系统销售与服务、海底数据中心（UDC）业务。

海兰转债于2021年2月8日上市，发行规模7.3亿元，到期赎回价118元（含税），目前仍存在于可转债市场。

为何聊海兰转债呢?

因为海兰转债是第一只未上市就提议下修的可转债，2021年2月5日，公司董事会提议下修可转债，意味着海兰转债2021年2月8日上市收盘转股价值为64.64元，而如果海兰转债下修到底，对应的转股价值区间为90～95元，显然市场对于海兰转债有错误的定价。

2021年2月8日，海兰转债上市，当日开盘价为93.80元（保留两位）、收盘价为89.15元、最高价为95.00元、最低价为88.89元（保留两位），显然海兰转债上市首日是海兰转债历史的最低点，如图13-3所示。

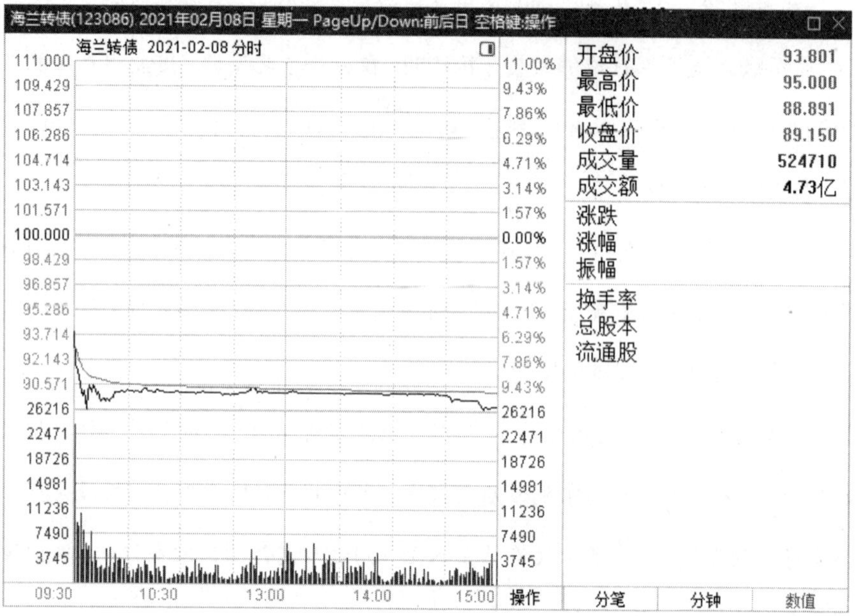


图13-3　海兰转债上市首日走势

假设以转股价值95元来计算，海兰转债上市首日收盘时，其转股溢价率为−6.16%，放在当时市场是相对的低估，之后会慢慢地发现那是掉在地上的黄金，要勇敢地捡起来。

2021年3月9日，海兰转债发布下修公告，将原来转股价15.16元下修到转股价10.88元，对应换股价值为93.10元，当日海兰转债收盘价为97.99元，转股溢价为5.25%，是非常具有性价比的可转债。

之后海兰转债一路稳步上涨，直到180元以上开始有较大的波动，最高到302.69元，之后又慢慢回落到200元附近，如图13-4所示。

笔者第一笔买入海兰转债的价格是89元，之后一直持有，最后一笔卖出是在214.75元，持有差不多10个月获得涨幅为241.30%，这是一笔非常好的投资。

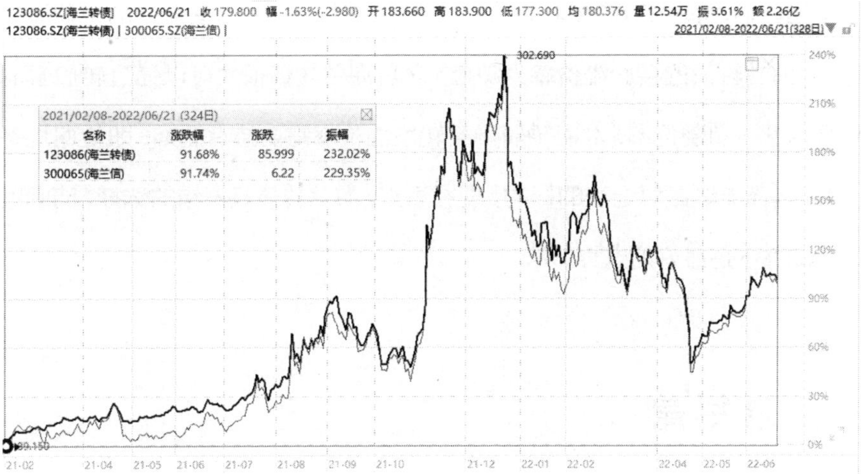


图13-4　海兰转债价格走势

**笔者感悟：**（1）投资可转债要先明白各个条款的作用，比如，董事会提议下修之后、股东会下修后对于可转债价格的影响，价值的认知并不是收割别人的工具，但是一定是保护自己不被伤害的利器。了解过可转债概念的投资者就会明白当时海兰转债的价值，下修之后，海兰转债一定是处于低估状态，坚持持有，其他交给时间。

（2）市场集体性的错误是经常存在的，虽然现在看海兰转债上市首日的价格绝对是掉在地上的黄金，但当时捡黄金的人却寥寥无几。因为当时市场出现集体的低估，遍地是黄金的时候需要挑选黄金的品相了。当时，本钢转债价格为73.75元、明电转债价格为93.10元、九州转债价格为86.89元等，市场出现极低估的时候，更多需要对于转债投资的期望，愿意去等待。当时买入的所有可转债都有非常好的回报。

（3）收益获得的选择，前面说到市场集体的低估让投资者处于黄金坑，但依旧面临选择，这个选择条件是时间。

本钢转债和海兰转债在2021年2月8日是被低估的，本钢转债的纯债溢价率为负值，海兰转债的转股溢价率为负值，之后海兰转债很快可以通过转股套利方式获得这部分负溢价率，本钢转债修复转股溢价率需要持有到期，即使遍地是黄金，也要选择能够最快上涨的标的。现在看来，海兰转债是不错的选择，而回顾当时的市场并不是最好的选择。

## 二、吊车尾

广汇转债——广汇汽车，主营业务为乘用车经销、乘用车售后服务、乘用车衍生服务等覆盖乘用车服务全生命周期的业务。

广汇转债于2020年9月15日上市，发行规模33.70亿元，到期赎回价110元（含税），目前广汇转债仍存在于市场。

为何聊广汇转债呢？

广汇转债上市以来一直维持较低的价格，其最高价为114元，最低价为70元，多数可转债历史最低价与前面提到的海兰转债上市时间差不多，整个可转债市场处于极度恐慌的时期，只不过多数可转债很快就修复了跌幅，而广汇转债长期处在低于100元的状态，如图13-5所示。

广汇转债长期价格低迷的主要原因是转股溢价率过高，可转债呈现债性状态，显得非常“鸡肋”，而降低可转债的转股溢价率的方式有两种，分别是广汇股价上涨和广汇转债的转股价下修。

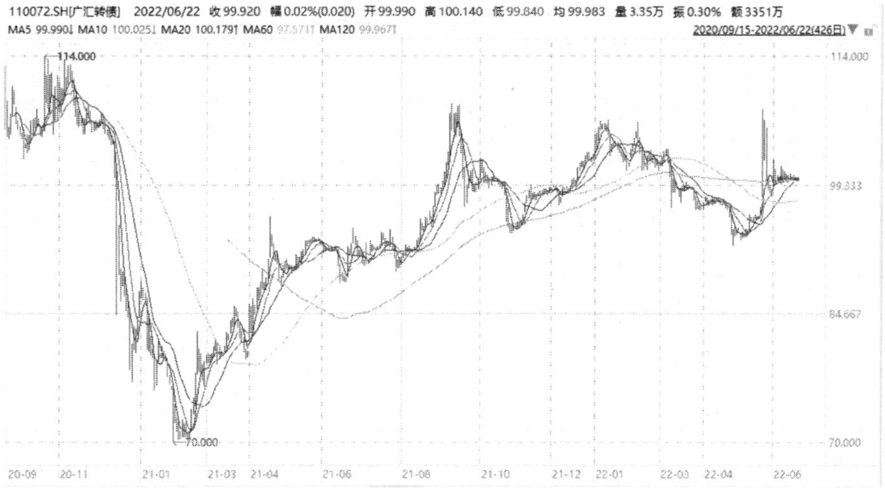


图13-5　广汇转债走势

第一种方式是广汇股价上涨的转股价下修，以2022年6月22日为例，当下广汇转债的转股溢价率为48%，这意味着正股需要上涨48%才能够与现在可转债的价值持平，这是一件非常困难的事情。

第二种方式就是下修广汇转债的转股价，根据《可转债募集说明书》规定，在本次发行的可转债存续期间，当公司股票在任意连续30个交易日中有15个交易日的收盘价低于当期转股价格的90%时，公司董事会有权提出转股价格向下修正方案，并提交公司股东大会审议表决。

需要特别注意的是，虽然多数的可转债有限制规定对下修的最低价不得低于每股净资产，但广汇转债的募集说明书并未提到这一点。也就是说，广汇转债是可以将转股价下修到低于每股净资产的。

2022年一季度，广汇汽车的每股净资产为5.13元，而2022年6月，广汇汽车的股价为2.7元，大幅低于每股净资产背后的主要原因是商誉占广汇汽车净资产非常高，过去5年商誉占比归属于母公司所有者权益在40%～50%区间波动，如表13-3所示。

表13-3　广汇汽车商誉占比母公司所有者权益

| 广汇汽车[600297.SH]（单位：亿元） | 2022-03-31 | 2021-12-31 | 2020-12-31 | 2019-12-31 | 2018-12-31 | 2017-12-31 |
|---|---|---|---|---|---|---|
| 报告期 | 一季报 | 年报 | 年报 | 年报 | 年报 | 年报 |
| 报表类型 | 合并报表 | 合并报表 | 合并报表 | 合并报表 | 合并报表 | 合并报表 |
| 流动资产： | | | | | | |
| 商誉 | 187.49 | 187.49 | 188.33 | 188.82 | 187.87 | 178.45 |
| 归属于母公司所有者权益合计 | 424.85 | 417.97 | 405.54 | 380.90 | 370.15 | 353.37 |
| 商誉占比 | 44.13% | 44.86% | 46.44% | 49.57% | 50.76% | 50.50% |

数据来源：Wind。

从表13-3可知，广汇汽车的股价基本接近剔除商誉之后的每股净资产，并没有表面上看到的那么有价值。

可转债市场常常说的一句话：“一只可转债的价格短期低于纯债价值，这是负面消息导致的可转债投资机会；长期低于纯债价值，可能就意味着有着不可告人的风险，多半是低价格的陷阱。”

投资者对于广汇汽车一直是有猜疑的，多年前就有自媒体发声质疑广汇汽车财务造假，一直到现在也没有被证实，广汇转债上市以来也一直没有获得很高的价格。

对于广汇转债的投资机会，更多期待在转股价下修，广汇转债是有条件、有能力下修转股价的，不过公司的下修意愿不高，以目前广汇汽车持有的货币资金完成对广汇转债的赎回是完全没有问题的，到期赎回相当于白赚了可转债持有人6年的廉价资金，对于公司来说是一个好选择。当然，单纯博弈公司下修并不是一个好方法，持有时间成本过高，持有体验感非常差，远远跑输可转债指数。

可能未来会有出乎意料的操作，广汇转债触发回售之后，其广汇转债价格低于面值+当年利息，促使套利投资者大量回售套利，这样能以更低的成本价赎回广汇转债。

笔者从最开始中签一些广汇转债之后又买过一些，上市首日价格非常具有性价比，转股价值为93.79元，转股溢价率为11.91%，当时属于双低值排名靠前的可转债，实际持有几年后的体验感却非常差，价格没有上涨不说，其价格波动也非常小，还没有超额的收益。

**笔者感悟：**（1）长期维持低价的可转债不要去参与，被市场遗弃的可转债会有一些从表面上看不到的内在原因，几年前是低价的可转债现在依旧是低价，单个标的或许有奇迹发生，而把低价格组合在一起的收益率低于可转债指数，就好比去菜市场买菜，价格便宜的多半是不新鲜的。

（2）转股价低于每股净资产的可转债，无论是否对于下修条件有限制，都应该要远离，不应该把投资寄希望于公司的救赎。对于上市公司来说，到期赎回是最优的选择，下修是万不得已的选择，因而主动博弈下修并不是一个好策略。

海印转债——海印股份，主营业务为商业运营、文化娱乐及互联网金融。

海印转债于2016年7月1日上市，发行规模11.11亿元、到期赎回价110元（含税），海印转债于2022年6月8日摘牌。

海印转债从发行到退市有非常多值得思考与学习借鉴的内容，回顾一下海印转债一路走来的价格走势，如图13-6所示。

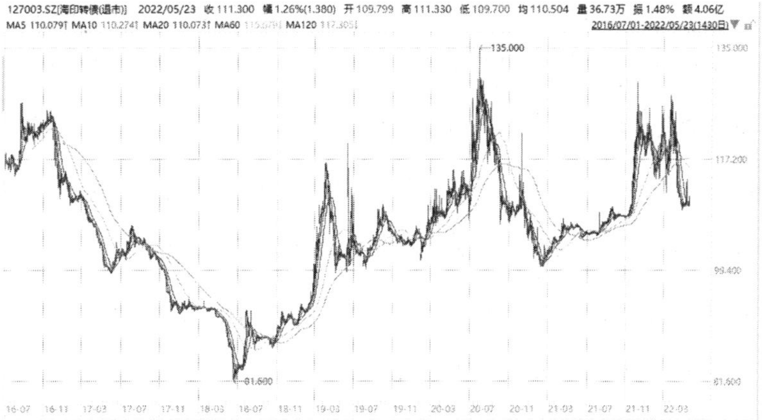


图13-6　海印转债价格走势

海印转债于2016年7月1日上市，收盘价为117元，转股溢价率为22.84%，之后价格一路涨到120+元后开始慢慢下跌，最低跌到81.60元；

2018年8月10日，海印转债转股价格由5.25元向下修正到3.5元；

2019年4月1日，海印转债转股价格由3.5元向下修正到3.03元。

两次下修相当于给海印转债持有人增加了73.26%的收益率，每一次下修反映在海印转债都有较大的价格波动，叠加海印转债与海印股份走势，可以明显看到下修对海印转债的价值提升，如图13-7所示。

图13-7　海印转债叠加海印股份走势

从图13-7可知，海印转债持有人相对于海印股份持有人是更幸福的，下修条款使得转债持有人较股票持有人承受更小的亏损。

海印转债最精彩的内容是到期赎回的操作，2022年海印股份一季报显示货币资金仅有2.21亿元，账面上是无力偿还到期的海印转债的。理论上，摆在海印转债面前有两个方式：

其一，海印转债是2022年5月24日停止交易、2022年6月7日停止转股的，那么只要在2022年6月7日之前转股价值拉到110元以上，就会促进海印转债大量的转股，以缓解到期偿还资金的压力。

其二，和前面提到的辉丰转债一样，东拼西凑去把可转债到期的钱还了。

从盘面数据看，海印转债的价格显然非常不合常理，为何这么说呢?

海印转债停止交易后，现在海印转债的价格为111.3元，到期赎回价为110元（含税），转股价值为98.33元，以上两种方式持有到期会妥妥地亏损，市场一直认为事出反常必有妖，流传着各种猜测。

投机的角度:

既然公司无力解决债务问题，那么只有促进可转债投资转股，这必然会以资金抬高海印股份的股价来促进转股，不卖出的海印转债采用的就是如此思路。公司真的强赎，最多亏损1.3元；而不强赎，只要抬升股价就可以赚更多，盈亏比是划算的。

陷阱的角度:

海印转债转化为股票需要第二天到账户，如果刚好掐到时间点为2022年6月6日，把转股价值拉到110元到期赎回价之上。比如，转股价值为115元，对应海印股份的股价为3.43元，当时海印转债价格为111.3元，那么转债持有人会很被动，如果选择不转股，则意味着到期会亏损1.3元；如果转股需要T+1日到达，大量转股次日可能会迎来一个跌停，那样就哑巴吃黄连、有苦说不出了。

其实，海印转债根本就没有走前面两条正常的道路，而是另辟蹊径选择一条新道路，2022年5月5日以来，海印转债一直正溢价来转股消化可转债，换言之，有投资者在亏损转换股票，如表13-4所示。

**表13-4　海印转债转股变化**

| 日　期 | 收盘价（元） | 成交额（万元） | 转股价值（元） | 到期税前收益率（%） | 转股溢价率（%） | 剩余期限（年） | 换手率（%） |
|---|---|---|---|---|---|---|---|
| 2022-06-07 | 111.30 | 0.00 | 96.99 | -26.55 | 14.75 | 0.95 | 0.00 |
| 2022-06-06 | 111.30 | 0.00 | 99.67 | -26.55 | 11.67 | 0.95 | 0.00 |
| 2022-06-02 | 111.30 | 0.00 | 93.98 | -26.55 | 18.43 | 0.95 | 0.00 |

续表

| 日　期 | 收盘价（元） | 成交额（万元） | 转股价值（元） | 到期税前收益率（%） | 转股溢价率（%） | 剩余期限（年） | 换手率（%） |
|---|---|---|---|---|---|---|---|
| 2022-06-01 | 111.30 | 0.00 | 95.65 | −26.55 | 16.36 | 1.01 | 0.00 |
| 2022-05-31 | 111.30 | 0.00 | 97.32 | −26.55 | 14.36 | 1.07 | 0.00 |
| 2022-05-30 | 111.30 | 0.00 | 96.99 | −26.55 | 14.75 | 1.18 | 0.00 |
| 2022-05-27 | 111.30 | 0.00 | 99.00 | −26.55 | 12.43 | 1.20 | 0.00 |
| 2022-05/26 | 111.30 | 0.00 | 103.68 | −26.55 | 7.35 | 3.00 | 0.00 |
| 2022-05-25 | 111.30 | 0.00 | 98.66 | −26.55 | 12.81 | 3.46 | 0.00 |
| 2022-05-24 | 111.30 | 0.00 | 93.98 | −26.55 | 18.43 | 3.48 | 0.00 |
| 2022-05-23 | 111.30 | 40 583.03 | 98.33 | −26.55 | 13.19 | 3.82 | 96.27 |
| 2022-05-20 | 109.92 | 28 403.77 | 94.65 | 1.40 | 16.13 | 4.17 | 62.14 |
| 2022-05-19 | 109.62 | 8 729.37 | 93.65 | 6.39 | 17.05 | 4.34 | 18.35 |
| 2022-05-18 | 109.73 | 8 626.00 | 94.65 | 4.29 | 15.93 | 4.44 | 17.69 |
| 2022-05-17 | 109.83 | 11 723.20 | 97.66 | 2.53 | 12.47 | 4.62 | 23.11 |
| 2022-05-16 | 110.08 | 11 711.90 | 100.33 | −1.17 | 9.71 | 4.62 | 22.88 |
| 2022-05-13 | 112.21 | 26 256.79 | 111.37 | −27.74 | 0.75 | 4.65 | 50.54 |
| 2022-05-12 | 110.46 | 9 815.66 | 103.01 | −5.60 | 7.23 | 5.35 | 16.66 |
| 2022-05-11 | 109.60 | 14 997.79 | 102.68 | 4.75 | 6.74 | 5.62 | 24.18 |
| 2022-05-10 | 109.99 | 11 745.89 | 103.01 | 0.07 | 6.78 | 6.06 | 17.64 |
| 2022-05-09 | 110.00 | 14 910.15 | 102.68 | 0.00 | 7.13 | 6.39 | 21.25 |
| 2022-05-06 | 109.60 | 9 080.71 | 101.00 | 4.06 | 8.51 | 6.72 | 12.33 |
| 2022-05-05 | 109.91 | 11 284.89 | 101.34 | 0.88 | 8.46 | 6.72 | 15.25 |

看到这里就明白了，另辟蹊径的操作方式是买入海印转债，将海印转债溢价转化为海印股份，折损了一部分溢价率，最后在股票市场卖出，资金回流后再买入可转债转股为股票，如此反复。

可以通过一小部分转债、转股资金的损失解决可转债大规模强赎的资金压力问题，这样真的合理吗？

理论上，这样操作确实可以解决可转债到期还钱的问题，似乎是一个天才的想法。

实际上，这个方式操作起来非常的困难，一是操作过于麻烦，经过买可转债、转股票、买股票几次转手，不可控因素多；二是操作的尾巴太多，风险极大；三是买入可转债、卖出股票造成摩擦成本很高，盘面很容易受到影响。

溢价率转股这件事确实发生了，也实实在在解决了可转债到期赎回的问题，我们不去猜测是谁亏损做的这件事，单从操作来说是可以优化的。笔者认为，直接拉升海印股份股价，同时卖出海印转债，让其维持一个负溢价率将会是一个更好的选择，让套利投资者自己选择是不是要选择转股，这样的操作更合适。

**笔者感悟：**（1）在投资市场臆想是最要不得的，多数的投资者刚开始只想到转股和还钱两种方式来解决海印转债，加之海印转债账户确实没有足额的钱偿还到期可转债。由此判断，公司会通过抬升海印股份股价去促进转股解决转债问题，没有想到海印转债大量溢价转股，遭受损失后才知道前面所想是错误的。

（2）博弈强赎或博弈到期赎回并不是一个好的策略，如果你是正确的，那么对应的收益相对有限；如果你是错误的，就需要付出更多的亏损及时间成本。

（3）当一件事情你无法理解的时候，肯定会以一个新的角度去解决，永远记住，要学会敬畏市场。

时达转债——新时达，主营业务为智能制造业务、工业机器人业务、运动控制业务、电气控制业务、变频驱动业务。

时达转债于2017年12月4日上市，发行规模8.83亿元，到期赎回价106元（含税），时达转债上市首日收盘价为96.58元、交易区间最高价为158.77元、最低价为82元，最后交易日收盘价为101.155元，于2021年11月5日摘牌，如图13-8所示。

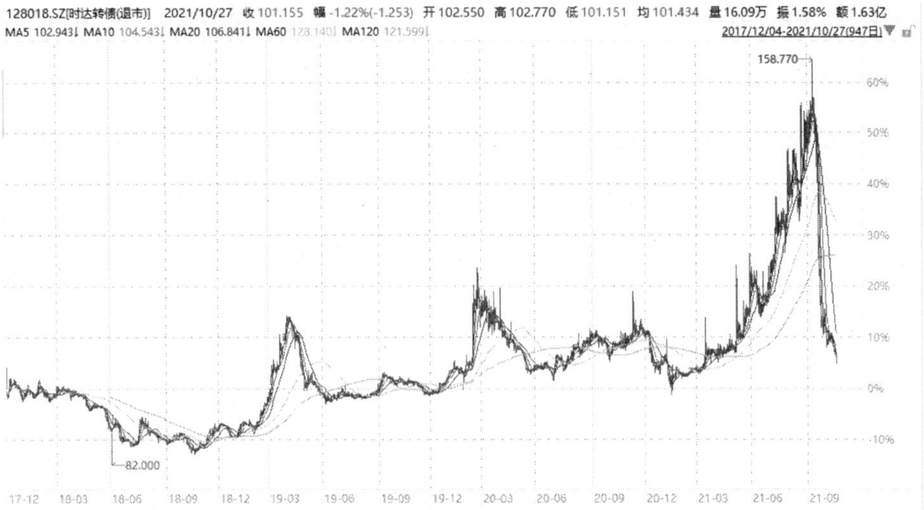


图13-8 时达转债价格走势

在众多强赎的可转债中，为何要单独讲讲时达转债呢？

从图13-8可知，时达转债从发行到停止上市的947个交易日里，前面97%的时间不断努力去蹭概念、下修促进转股价值提升，剩下3%的时间又猛地跌回了开始价格。

2019年4月12日，新时达有过一次下修，将原本转股价从11.83元下修到7.45元，相当于增加了可转债持有人37.02%的权益。

前面有提到过，可转债赎回有两种方式：一种是到期赎回，另一种是强制赎回。然而，时达转债的赎回并没有像正常可转债强赎一样顺利。

理论上，强赎是迫使可转债持有人将时达转债转化为股票，以缓解到期还钱的压力；实际上，因新时达股价下跌过快导致转股价值低于赎回价，有一部分的时达转债依旧以到期偿还现金的方式赎回。

根据《时达转债赎回结果》公告，截至2021年10月27日收市，时达转债尚有1 332 878张未转股，本次赎回数量为1 332 878张。时达转债赎回价格为101.46元/张，债券面值+当期应计利息，当期利率1.5%且当期利息含税，本次赎回公司共计支付赎回款135 233 801.88元。

**笔者感悟：**（1）强赎的风险非常大，时达转债提示强赎风险后的26个交易日里下跌了33.24%，时达转债价格从151元高点跌到101元低点，之前几年的等待成为大梦一场空。

（2）当公司发布《可能满足强赎风险的提示公告》，就应该及时卖出规避风险，风险意识一定是需要摆在收益考虑之前的。

（3）正股质地差的公司，无论可转债是否下修或蹭概念，其本质还是一家差的公司。多数投资者认为，可转债下修代表公司有很高的意愿强赎，但从过去的数据来看，只不过是投资者的一厢情愿。

## 三、买在分歧，卖在一致

先讲一个生活中的常见现象，司机都是过度自信的，你很难听到司机夸别人车开得真好，而这种过度自信是造成事故的主要原因。

大家常常说前面开车的是“女司机”，而真实统计数据显示女性开车的事故发生率远低于男性，延伸到投资也有类似的情况，投资者进入市场都会认为自己比别人聪明，其他人都是“韭菜”，这种盲目自信是造成追涨杀跌的主要原因。

稳健的投资思考更容易被市场隐匿，而“龙头战法”短期收益却备受欢迎，这是因为多数投资者是看到别人赚钱才进入市场的，看到别人亏损跟着退出市场。而真实的投资却恰恰相反，应该是卖在人声鼎沸时，买在无人问津日。

福莱转债——福莱特，主营业务为光伏玻璃的研发、生产及销售。

福莱转债于2020年6月17日上市，发行规模14.5亿元、到期赎回价115元（含税），重点讲的是福莱转债转股起始日的市场变化。2021年12月3日，福莱转债收盘价格为251.36元，转股溢价率为-4.34%，转股价值为252.76元，转股价为13.48元，正股价为35.42元。

前面介绍转股套利部分，写到想要获得这部分折价转股溢价率有两个方式：分别是无风险套利和风险套利。

无风险套利：可以通过向金融机构融券卖出，以福莱转债转股的方式获得股票再归还金融机构，实现一个无风险的套利。

最大的困难是在市场上融券，对于个人投资者来说，融券有很高的门槛，之前有个T+0交易团队融券到福莱转债的股票，2020年，福莱转债的转股溢价率为-19.89%，约定归还股票一周之后，就直接锁定了20%的无风险套利空间。

风险套利：通过将持有的福莱转债转化为股票再卖出套利，赚两者之间的折价溢价率。

套利计算过程如下：

一手福莱转债的市场价格是2 513.6元；

可以转化福莱特的股数为1 000÷13.48=74.18（股）；

福莱特股价为35.42元，可以获得的股票价值是74.18×35.42元=2 627.81（元）。

相当于每1手福莱转债转化为福莱特赚114.21元，而最大的风险点是转股套利需要一天的等待期，那么就要承担一天的时间风险。

正是因为这一天时间存在很大的潜在风险，当天晚上自媒体铺天盖地地推荐福莱转债的转股套利，号称无风险套利且可以获得4%的收益率。笔者认为，大家觉得能够赚钱的套利，而市场却常常不具备让大家都赚钱的功能。

结果让所有的参与者大失所望，在2020年12月4日，福莱特直接跌停了，福莱转债维持着-4.02%的转股溢价率，如图13-9所示。

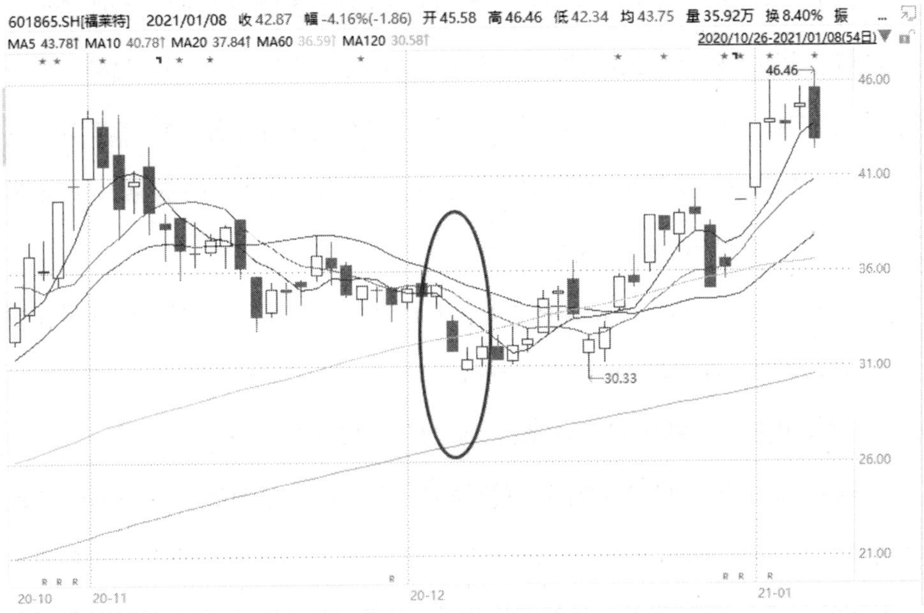


图13-9　福莱转债价格走势

网上可以看到各大社区关于福莱转债的转股套利是负面声音一片，理论上能够转股套利，实际操作上却稳稳亏损。从那时起，可转债市场就把转股套利称之为“一门亏钱的手艺”。

笔者一直偏向于少数人的思维，当大多数人认为转股套利是无效的，甚至是套路，这个时候套利才是真正有效的。

再深入讨论一下福莱转债和福莱特套利的问题，折价溢价率的消失是股价下跌而转债价格没有相对下跌造成的，简化影响因素是股价下跌和可转债价格上涨。

每进行一次转股套利，都会推动这两个影响因素，买入可转债推高价格，将可转债转成股票卖出拉低股价。

这里需要注意的是，可转债持有人对于折价溢价率的消失方式是不敏感的，无论折价溢价率是以何种原因消失的，他们都可以获得这部分的折价溢价率。

股票持有人对于折价溢价率的消失方式是敏感的，如果以福莱特股价下跌4%且福莱转债价格不变的方式，那么股票持有人会亏损4%；如果以福莱转债价格上涨4%且福莱特价格不变的方式，那么股票持有人不会亏损。对于股票持有人来说，他们需要一个心理的安全垫来满足自己不卖出或者买入的意愿，这个意愿最直观的表现是股票大跌或者可转债大涨。

可转债持续的负溢价率，其在起始转股日会出现大量抛售，甚至出现恐慌性情绪。虽然数据上能够获得4%的折价率，而实际上获得却非常困难。

当市场出现一个跌停之后，转股套利才有更大的获利可能。

2020年12月4日收盘后，福莱转债价格为227元，转股价值为236.50元，转股溢价率为-4.02%，前面参与套利的投资人已经得到了一个跌停，再参与转股套利的人数极大减少，此时是参与转股套利非常好的机会。

**笔者感悟：**（1）“学而不思则罔”，前面我们有讲到转股套利的理论知识，理论内容仅仅能够帮助我们明白收益率是如何产生的，但真正能够获得这部分收益则需要更加深入的思考，结合市场行情变化判断其可行性。

（2）持有转债赌的是一种空间利润，转债转股套利赌的是一种时间利润。因为转债转股套利要在两个交易日通过锁定溢价率的方式来获得4%的收益。

实际上，笔者认为，只要超过1%的套利空间就有可能是陷阱，正如之前说的：市场不具备大家赚钱的可能。

（3）当大家觉得转股套利是套路的时候，反而是投资的机会。

当大多数投资在做理性行为时，由于承载的空间有限，市场就会有非理性波动。

将以上思考基于福莱特本身价值去讨论时，就会明白前面不适合参与转股套利，而后面可以参与转股套利。

在经过市场不断洗礼之后，公司的利润、营收、估值指标、商业模式都不是最难理解的，最难懂的是股价波动背后一个个浮躁的心，时而对未来充满信心，时而对明天极度厌倦，正是因为这些难以揣测的心理，才让市场有更多非理性波动的超额收益。理论与实践之间隔着湍急的河流，你可以架桥、造船、游过去，唯有靠自己。

鸿达转债——鸿达兴业，主营业务为氢能源产业、化工产业、新材料产业、大环保产业、电子交易平台综合服务。

鸿达转债于2020年1月8日上市交易，发行规模24.27亿元，到期赎回价118元（含税），过去历史最高价为178.30元，最低价为73.683元，目前仍存在于可转债市场，如图13–10所示。

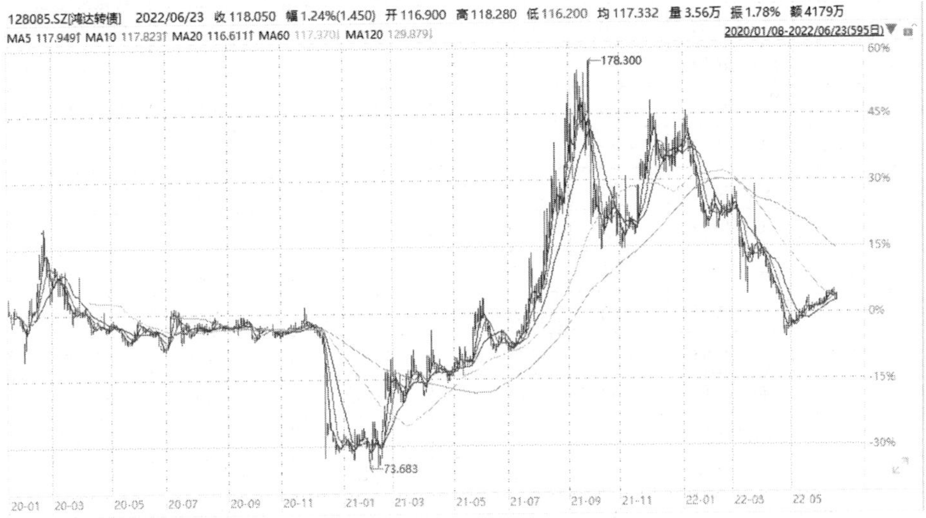


图13–10　鸿达转债价格历史走势

鸿达转债的身上有很多经典案例，比如，在市场极度恐慌时，鸿达转债在低于100元面值期间大量转股，这是一件不可思议的事情。

时间要追溯到鸿达兴业股份有限公司的大股东鸿达兴业集团发行债券18鸿达兴业MNT001的违约事件发生时，该事件对于鸿达兴业股价造成了巨大的负面影响，同时影响了鸿达转债的价格，出于对鸿达兴业还款的担忧，其鸿达转债双低值一度成为可转债市场最低。2021年1月29日，鸿达转债的价格为74.1元，转股溢价率为0.51%，双低数值为74.61元，是当时市场最具有性价比的可转债，但市场对于鸿达转债的价值并不买账，认为鸿达转债一文不值。

在2021年2月2日更是出现了神奇的一幕，其转债的价格为82.40元，转股溢价率为-2.71%，意味着鸿达转债持有人可以在低于100元面值进行转股套利，市场确实在未来一段时间疯狂转股，统计自2021年1月—5月鸿达转债的转股记录，已经在低于100元面值转股近一半的规模，如表13-5所示。

**表13-5　鸿达转债当日转股数量大于500万股统计**

| 代　码 | 名　称 | 转股价格（元） | 当日转股数量（万股） | 累计转股数量（万股） | 累计转股比例（%） | 交易日期 |
|---|---|---|---|---|---|---|
| 128085.SZ | 鸿达转债 | 3.92 | 1 692.60 | 1 900.02 | 3.07 | 2021-01-27 |
| 128085.SZ | 鸿达转债 | 3.92 | 3 521.80 | 5 422.31 | 8.76 | 2021-02-01 |
| 128085.SZ | 鸿达转债 | 3.92 | 7 241.78 | 12 664.09 | 20.46 | 2021-02-02 |
| 128085.SZ | 鸿达转债 | 3.92 | 2 606.01 | 15 270.11 | 24.67 | 2021-02-03 |
| 128085.SZ | 鸿达转债 | 3.92 | 1 910.59 | 17 327.52 | 27.99 | 2021-02-18 |
| 128085.SZ | 鸿达转债 | 3.92 | 2 603.44 | 19 930.97 | 32.19 | 2021-02-19 |
| 128085.SZ | 鸿达转债 | 3.92 | 1 687.33 | 21 618.30 | 34.92 | 2021-02-22 |
| 128085.SZ | 鸿达转债 | 3.92 | 1 333.44 | 22 951.73 | 37.07 | 2021-02-23 |
| 128085.SZ | 鸿达转债 | 3.92 | 1 182.81 | 24 163.40 | 39.03 | 2021-02-26 |
| 128085.SZ | 鸿达转债 | 3.92 | 906.54 | 25 069.93 | 40.50 | 2021-03-01 |
| 128085.SZ | 鸿达转债 | 3.92 | 1 944.51 | 27 967.05 | 45.18 | 2021-03-22 |
| 128085.SZ | 鸿达转债 | 3.92 | 1 810.73 | 30 393.03 | 49.09 | 2021-04-09 |
| 128085.SZ | 鸿达转债 | 3.92 | 500.58 | 31 162.73 | 50.34 | 2021-04-19 |

鸿达转债大量的转股对于公司来说是非常好的，不仅可以减轻未来偿还资金的压力，而且近一半的规模是在低于100元价格进行转股的。从经济收益角度计算，公司从中可以获得巨额的收益。

这就好比债主发了100元的债券，现在债券在市场跌到了80元，债主自己掏钱把市场债券以80元价格买回来了，这一套操作不但没有支付利息，还从市场赚了20元/张，鸿达转债低于100元面值大量转股也有类似含义。

当时，市场不仅仅沉浸在大股东债券违约的恐慌里，而且还有声音质疑如此大规模的转股是不是公司自导自演的行为。

举例：2021年2月2日，鸿达转债的转股数为7241.78万股，转股价为3.92元，转股价值为84.69元，当日可转债转股帮助公司节省了15.31%，折合价值为7 241.78万×3.92×15.31%=4 346（万元），仅这一笔就帮鸿达兴业偿还可转债节省了4 346万元。

**小提示：**某投资人曾致电交易所咨询关于鸿达转债在低位大量转股的问题，从盘面就能够看得出是发生了大量的低价转股。

鸿达转债也很好地反映出“买在分歧，卖在一致”的含义，以后视镜的视角来看待鸿达转债一路历程。当鸿达转债处于恐慌情绪、投资者相互猜疑时，恰恰是处在可转债价格最底部区间，而到了一切尘埃落定之后，鸿达兴业将迎来主营业务周期反转，其产品PVC价格持续上涨使公司赚得盆满钵满，反映在鸿达兴业股价上，则表现为持续性上涨，其鸿达转债跟随正股上涨最高达到了178.30元。

**笔者感悟：**（1）投资要和少数人站在一起，市场是只有少部分的投资者能够获得巨额的收益；鸿达转债的价格低洼的主要原因是机构资金出于风控要求的平仓，即使专业投资者在遇到极端情况时，同样会有非常多非理性的行为，但这刚好是获得超额收益的机会。

（2）鸿达转债已经是过去的历史，对之后投资者有警示作用，告诫我们一定要敬畏市场。过去没有发生过低于100元面值的转股，并不代表现在没有；现在可转债没有发生过违约事件，并不代表将来不会发生。

（3）从2021年2月份鸿达转债价格在80元左右到2021年9月份其价格在170元左右，虽然短短几个月时间内，区间收益率却翻倍，但能够获得这部分收益率的投资者少之又少。

投资应该摒弃成本价思维，当初是100元买的鸿达转债，过去跌到70元，造成了大幅亏损，现在好不容易回本就赶快卖出，并没有在意公司发生了本质的变化，靠运气熬到了回本，大概率赚不到后面的收益红利。

## 四、坚定持有可转债

精研转债——精研科技，主营业务是为智能手机、可穿戴设备、笔记本及平板电脑等消费电子领域和汽车领域大批量提供高复杂度、高精度、高强度、外观精美的定制化MIM核心零部件产品。

精研转债于2020年12月22日上市交易，发行规模5.7亿元，到期赎回价115元（含税），过去历史最高价为177.70元，最低价为91.00元，2021年12月28日摘牌，如图13-11所示。

用“不鸣则已，一鸣惊人”来形容精研转债是最恰当不过的，精研转债很长一段时间处于价格低迷、高转股溢价率，是一只被市场忽视的可转债。

2021年9月22日，精研科技公司的董事会提议下修转股价，次日精研转债价格应声上涨，之后下修股东会决议把转股价从53.40元下修到34.15元，恰逢精研科技股价一同上涨，随着转股价值不断提升，精研转债顺利达到了强赎价。

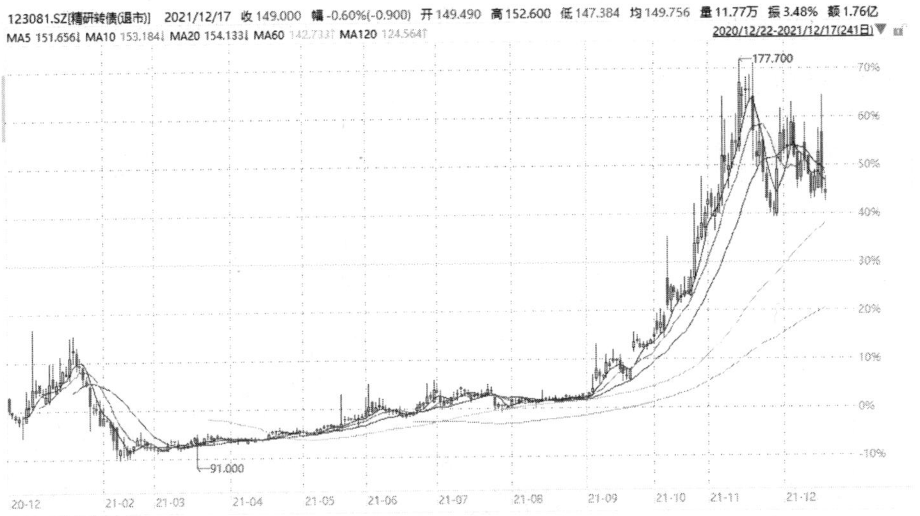


图13-11　精研转债价格历史走势

2021年9月22日，精研转债转股价值为61.76元，到2021年12月17日精研转债转股价值为149.96元，短短的58个交易日里增长了142.81%，2021年11～12月期间是近年精研科技的股价高点，只有下修之后再与股价上涨巧妙结合，才使得精研转债强赎。

**笔者感悟：**（1）低价高溢价率的可转债大多数的时间都是在等待，等待下修使得公司转股价值大幅提升，再配合股价就可以完成强赎了。

（2）个人投资者在时间等待上有非常大的优势，我们的钱都是自有资金，没有资金成本，相对于机构来说会有很多的机会成本，对于能够下修的可转债，只要愿意等，大多数是可以赚到钱的。

太阳转债——太阳纸业，主营业务为机制纸、纸制品、木浆、纸板的生产和销售。

太阳转债于2018年1月16日上市交易，发行规模12亿元，到期赎回价106元

（含税），历史最高价为278.67元，最低价为95.70元，2022年12月22日摘牌，如图13-12所示。

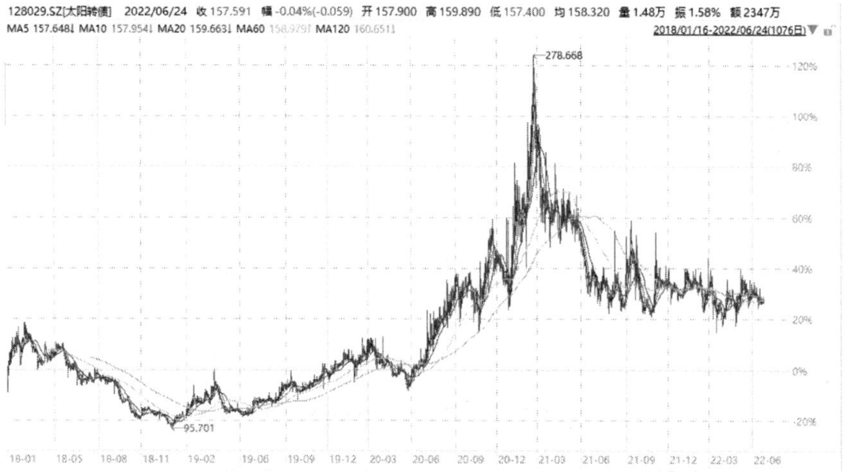


图13-12　太阳转债历史价格走势

太阳转债是一家中规中矩的可转债，没有下修的案例也没有蹭概念，但其做了一个有格局的事情，太阳转债到期（2022年12月22日）之前放弃强赎的权利。根据2021年1月1日《山东太阳纸业股份有限公司关于不提前赎回太阳转债》的提示性公告，基于当前市场情况及公司实际综合考虑，董事会会议审议通过本议案之日起至“太阳转债”存续期结束前（即2022年12月22日前），“太阳转债”在触发有条件赎回条款时，公司均不行使提前赎回权利。

上市公司决定放弃行使强制赎回权利，会综合考虑多种因素再结合自身实际发展需求做出决定，一般公告放弃强赎有三个角度：

a. 可转债募集资金仍然在使用或另有安排；

b. 可转债存在市场时间短，其资金使用效率低，对于公司来说，可转债资金成本低，可以降低财务费用，不急于赎回；

c. 参考前面时达转债、弘信转债案例，担心可转债剩余规模较大对正股价格产生较大冲击。

太阳转债放弃强赎的权利，有其自身的综合考虑，笔者认为b和c两个角度影响会多一些。太阳转债公告不强赎之后，其日常振幅波动会有较大增加，从K线图可以得知有较多上下引线，适合叠加网格获得波动的收益。

**笔者感悟：**（1）太阳转债放弃强赎权利是一个有格局的表现，类似的可转债有很多。放弃强赎还有额外炒作的价值，当可转债转股使得剩余规模越来越小时，该转债变得更加有投机价值，反映在日常振幅数据波动会更大。

（2）公司放弃强赎权利背后的含义是公司有能力强赎而放弃强赎，侧面是对于公司本身的信心，此类转债拉长周期看具有较好的表现，值得长期关注。

（3）需要特别注意的是，关键的信息最好是公司公告内容，常常看到网站提供数据与公告内容不一致，网站数据来源于端口采集可能会有偏差，公告内容是准确无误的。

英科转债——英科医疗，主营业务为高性能、高品质的个人防护产品的研发、生产及销售。

英科转债于2019年9月10日上市交易，发行规模4.7亿元，到期赎回价128元（含税），历史最高价为3618.19元，最低价为113.20元，理论上应于2025年8月16日摘牌，如图13–13所示。

以后视镜的视角去看，英科转债的付息就非常高，票面利率：第一年为0.5%、第二年为0.8%、第三年为2.6%、第四年为3.3%、第五年为3.5%、第六年为4.0%，最后一年以128元赎回可转债（包含当年利息且含税），单从利息的角度来看也有非常高的收益。

图13-13 英科转债历史价格走势

英科转债有如此高的涨幅得益于正股英科医疗的大涨，因疫情增加对医用手套的需求，其手套产品价格持续上涨但依旧供不应求，助力2020年英科医疗成长为十倍大牛股，英科转债也跟随创造可转债市场历史最高价可转债。

这里有一个大众的思维误区，投资者会认为股价上涨之后比股价涨之前更贵，但股价并不能反映公司的估值，仅仅说明价格贵了，有可能是股价涨了一倍而公司盈利增长两倍，公司现在反而比之前更加有价值。可转债市场也有类似的情况，买两手200元的可转债与买一手400元的可转债本质上并无差别，认为价格贵是心理作用，贵的可转债参与散户人数少，反而能够获得更高的回报。

在2020～2021年期间，因英科医疗连续大额分红使得英科转债的转股价值持续下调，如表13-6所示。回顾转股条款部分有讲到过：当股价远大于转股价时，转股价值远大于100元，正股分红会导致可转债价值数量级增加。

表13-6　英科医疗分红明细统计

| 调整日期 | 转股价格（元） | 调整原因 | 公告日 |
| --- | --- | --- | --- |
| 2022-06-13 | 4 | 每10股派发现金股利7.5元人民币，每10股转增2股 | 2022-06-03 |
| 2021-09-30 | 5.55 | 每10股转增5股 | 2021-09-24 |
| 2021-04-20 | 8.32 | 每10股派发现金股利30.00元人民币（含税） | 2021-04-13 |
| 2020-12-17 | 11.32 | 公司以向特定对象发行股票的方式向刘方毅先生发行人民币普通股17 415 534股，英科转债的转股价格将由10.41元/股调整为11.32元/股 | 2020-12-14 |
| 2020-10-12 | 10.41 | 10转5股派5元 | 2020-09-25 |
| 2020-07-22 | 16.11 | 2020年6月2日，公司召开了第二届董事会第二十八次会议和第二届监事会第二十六次会议，审议通过《关于向激励对象授予限制性股票的议案》，并于2020年7月20日完成2020年限制性股票激励计划的授予登记，股权激励限售股登记上市日为2020年7月22日，公司股份总数由220 192 808股变更为221 692 408股 | 2020-07-21 |
| 2020-06-05 | 16.02 | 10派1.5元 | 2020-05-30 |
| 2020-02-26 | 16.17 | 2019年12月31日，公司召开了第二届董事会第十八次会议和第二届监事会第十六次会议，审议通过《关于向激励对象授予限制性股票的议案》，“英科转债”的转股价格调整为16.17元/股，调整后的转股价自2020年2月26日起生效 | 2020-02-24 |
| 2019-08-16 | 16.25 | 初始转股价格 | 2019-08-13 |

英科医疗连续的大额分红额外增加了英科转债的转股价值，以英科转债为例（2021年4月20日），英科转债转股价为11.32元，英科医疗股价为152.90元，每股分红3元，英科转债的转股价就会被调整至8.32元，代入可转债募集说明书中派发现金股利公式，计算如下：

派发现金股利：$P_1=P_0-D=11.32-3=8.32$（元）；

转股价值=股价÷转股价×100＝（152.90−3）÷8.32×100=1 802（元），

较分红之前的转股价值=股价÷转股价×100=152.90÷11.32×100=1 350（元）。

英科转债的转股价值增加33.48%，这是很多可转债投资者没有想到的，反映出英科转债价格较英科医疗有更高的涨幅，如图13-14所示。

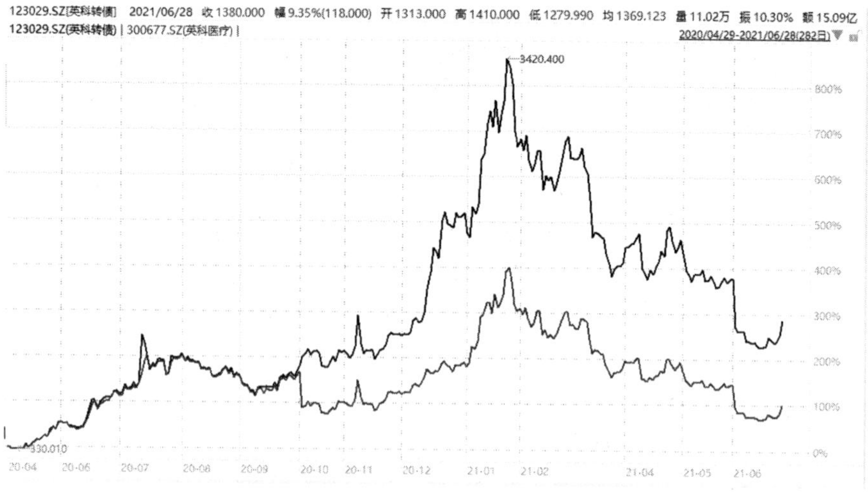


图13-14　英科转债叠加英科医疗价格走势

**笔者感悟：**（1）笔者过去参与英科转债的交易，不到150元就卖完了，多半是因为没有格局。当时，英科转债已经超过了市场上多数可转债价格，超越市场本身是一件困难的事情，超越自己更是难上加难。

（2）英科转债如此涨幅，需要天时、地利、人和才能够达到，大多数人都只能够获得一小部分收益，要懂得知足常乐，如果卖出之后不断后悔自己的错误，就只会影响其他投资操作。

（3）英科转债分红发生之前，很少有人会想到除息条款会对可转债转股价值有如此大的影响，投资者应该要对新状况保持时刻警惕和学习的心态，少犯错是走向成功的第一步。

（4）有一小部分人获得大部分的英科转债涨幅，并不是因为他们有很强的能力，而是因为忘记了有英科转债。大多数人花时间去盯盘对于收益并没有帮助，而应该花更多的时间在研究上，可能看电视剧会比盯盘有更多的正向帮助。

第十四章

# 一个可转债投资者的独白

## 一、反思错误

前面有提到，投资可转债市场或者说大多数投资市场有两种方式：分别是数据统计与逻辑思考。

数据统计是以过去发生结果来推测未来。比如，过去所有可转债低于100元的情况，买入一直持有到期，现在数据统计买100元以下可转债都是赚钱的；有理由相信现在买入低于100元的可转债，未来是赚钱的。

双低策略、低溢价率策略、正股替代转债策略是可以用数据回测的方式得到该策略是可以获得收益的，这一点从数据上可以证明。

该种方式最大的问题是：过去发生，未来不一定会发生，历史数据不代表未来走势。

在正股替代转债策略中，曾提到统计下修之后以正股替代转债的方式，其统计时间为2021年12月，数据过去从低点上涨到整个市场历史的高位，得到的结果自然是能够获得超额收益的，可结果是当可转债市场迎来回调，持有正股比可转债会产生更大的亏损。

以该数据方式统计一下2022年小规模转债市场，过去几年买入低于130元价格、规模小于2亿元的可转债，现在的数据统计结果是能够获得不错的收益，该策略是有意义的。

拉长周期来看，结果就不容乐观，虽然有一小部分人能够从中获取收益，但对于大多数人来说，不过是大梦一场空。

逻辑思考是由“因”推导“果”的过程，融合更多主观判断。比如，菜市场猪肉价格开始从10元/斤涨到了20元/斤，养猪企业目前其财报显示是亏损，产品实际已经大幅盈利，因而有理由相信下一个季度能够盈利。

低溢价率策略是选择市场相对强势趋势向上的可转债，对应的股票多为当年股市的热门行业，只要股票的趋势继续存在，低溢价率策略就能获得强势市场红利。

数据统计像是一种数学归纳法，逻辑思考更像是一种演绎推理法。前者可能有极端情况下的极端风险，比如黑天鹅事件；后者可能有逻辑思考的误差，人的思考往往是片面的，比如过去20年房价都在上涨，对应的房地产公司股价也是不断上涨，结论是房价和房地产公司股价是相关的，房价涨则股价涨、房价跌则股价跌，如果有一天房价维持不动，那房地产公司就开始破产了。

两种方法本身并没有好坏，存在即合理，关键在于发生错误之后能否找到错误的原因所在，勇于承认自己的错误往往才是成功的开始。

在可转债投资中常常犯的一个错误是，用投资其他产品的方式交易可转债，总结过去笔者犯的错误思维：

第一，用债券思维交易可转债。

很多新进入可转债市场的投资者常常会犯的一个错误，就是用债券的思维去投资可转债，以评级、付息等作为主要条件投资可转债，这是存在很大问题的。

以中证转债指数与可转债等权指数对比为例，在2018—2021的4年时间里，中证转债指数上涨52.58%，可转债等权指数上涨169.69%，其内在原因是中证转债指数给了银行、国企等大规模转债更高的权重，而这些可转债创造了可转债市场较差的收益率。

以浦发银行为例，浦发转债从2019年11月15日上市首日收盘价为103.9元到2021年12月31日收盘价为105.86元，两年多时间上涨了1.89%，其间中证转债指数上涨31.13%，可转债等权指数上涨115.20%。换言之，债券性可转债配置创造可转债市场最差收益率。

该债券思维反映在可转债资产搭配上，高评级的付息类大规模可转债并没有给组合创造收益，却占用了非常多的资金。对于个人投资者来说，这是非常不划算的，还不如把钱存在银行里。

第二，用投资股票的思维交易可转债。

可转债市场一直存在“烂股好债”和“白马股陷阱”的说法，因为可转债特殊的交易规则，烂股票大幅下跌之后，转股价值跟着下跌。通过转股价下修，其可转债的价值会大幅上升，这时会出现股票依旧亏损而可转债已经大幅盈利的情况；“白马股陷阱”说的是正股质地优良的企业上市价格就达到140～150元，有非常高的转股溢价率，即使预期未来会达到强赎价格，其实际长期持有的收益率也远低于预期。

第三，没有正确地理解可转债交易规则。

在交易规则方面，可转债与股票有着非常大的差异，过去很多交易员习惯从量价角度看待股价变化，这一点用于可转债交易会失效，T+0交易的特性使交易规模是自身发行规模的数倍，换手率也是数倍。

可转债有许多隐形的价格线，更加适用于智能化条件单的交易，而股票则更加适合用手工交易来判断市场变化。

## 二、及时更正

承认自己是一个普通人，赚自己认知范围内的钱。

常常看到群里有人分享截图今天交易赚了很高的收益率，你也想进去试试，没想到立马就赚钱了，这很正常。

当身边的人都在赚钱，说明市场还处于牛市里。在牛市里，你去投资是大概率会赚钱的，一进入市场就扭头向下是小概率事件。

还有是幸存者偏差和投资者心理因素造成的，买“妖债”肯定是大多数人亏钱、小部分人赚钱，有趣的是，这赚钱的一小部分人更愿意分享自己的案例，而大多数人是不愿意讲亏钱的案例，亏钱的人大多会默不作声，而赚钱的人会大肆宣扬，这给很多未参与交易的投资者带来了一种炒“妖债”能够赚钱的假象，以某转债日内分时图为例，如图14-1所示。

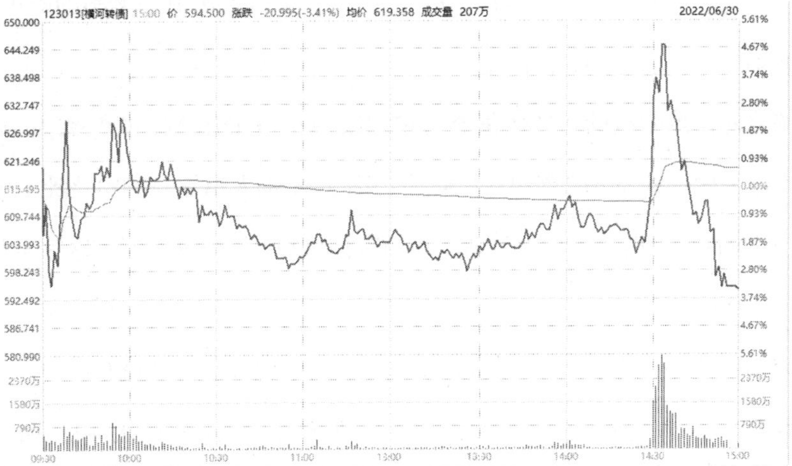


图14-1　某转债价格走势

从图14-1可知，该转债全天收长上引线收绿，仅有盘中买入卖出的日内交易才有可能是盈利。从成交量看，多数的投资者买在价格高点，可能就会有7%以上的亏损。

低溢价策略过去也有类似区间段，在2021年下半年一些可转债投资者以低溢价率策略进行可转债投资，经过小半年，这些投资者就赚到不少，市场越来越多的投资者加入低溢价率策略行列，到了2022年初，低溢价率策略有巨大的回撤，这是大多数投资者没有想到的，从盈利到亏损仅用了几个月时间，这次大回撤让一部分可转债投资者听到低溢价率策略就嗤之以鼻。

做交易员和自媒体内容分享有很大的差异，当一个交易员犯了错误，你只需要向老板和投资人解释；自媒体内容输出承担更大压力，自己亏了就亏了，没有什么大问题，大不了省吃俭用再赚回来，但当你背后有成千上万的投资者跟随时，承认自己愚蠢会是一件非常难的事情，你的每一笔亏损都会被无限放大。

笔者从头到尾地研究过许多自媒体对于投资标的思考，当他们明白持有标的逻辑发生了本质的变化后，自己的建议已经发生了巨额的亏损，选择认亏卖出又放不下头上的“光环”，最后只能硬扛着等待奇迹发生。

改变自己比改变别人更容易，在投资不同时间段会听到许多不同的声音，找到与你相同认知的人一起走下去。

笔者对市场主流的可转债策略有过尝试，有胜利的喜悦，也有亏损的悲痛。过去常常会做一件特别“傻”的事情，为了试图让别人相信我的策略比他们的策略好，而花费大量时间去讲解逻辑、回测数据推算结论，事实证明这完全是在浪费时间。

可转债市场有成千上万种策略，单就低溢价率轮动的参数调整就可以演变出几百种新的策略，当你经过多次尝试之后，会发现该策略是自己认可的投资策略，剩下的任务就是去坚持把这件小事做好，投资市场没有最好的策略，只有最适合你的策略。

## 三、再次出发

2020年的时候去厦门企业管理学会听课，老师在课堂上讲了一个词，这个词叫作“予取拾得”，引申出来的解释内容令我印象非常深刻。

予，将东西推托给人，字形像用手托付他人的样子；

取，捕取也。会合、合集，通“聚”；

拾，掇也。收敛、收集，碰撞；

得，远行探索而有所获。获取、接受。

用白话的方式来解释“予取拾得”的意思，就是我能够提供的内容是如此，你能够在市场上找到相关内容还有很多，通过自己努力挑选、收集、交融之后，你能够明白理解的内容才是你能够真正得到的。

过去，作为一名新人去拜访一位市场高手，旁听了很多教材、课程的实践内容，讲了过去经典的资金是如何运行的。

走的时候，那位老师说：“多交流、多思考，多碰撞，总会有收获的”，稍做修改后，写投资思考一直会沿用这句话：思想的碰撞会产生价值的火花。

2017年开始了解可转债市场到2022年也有5年左右的时间了，从开始单纯打新、到双低策略、到低溢价率策略、到抢权配售……从不懂可转债到慢慢了解可转债再到能够讲出可转债策略背后的逻辑及使用方法，一直在做着“予取拾得”的事情、一直在做着“思想碰撞”的交流、一直在投资市场学习和研究。

每一次可转债市场新变化、每一次纪录的刷新、每一次与老师真知灼见的对话，知道自己对可转债的认知还有缺陷，承认思考的不完美并勇于去弥补，只有这样才能够走得更高、更远。